Ilona Mayer-Zach
Christine Cimzar-Egger

WIR
vom
Jahrgang
1978

Kindheit und **Jugend**
in **Österreich**

Wartberg Verlag

Impressum

Bildnachweis:

Cover:
Bernd Ziska: o. r., M., l.; Marie Schneider: M. r.; Christine Cimzar-Egger: u. l., u. r.

Innen:
Marie Schneider: S. 4, 10 u., 13 o., 15 o., 20, 22 o.r., 23 o./u., 25 o., 26 u., 28 u., 31, 32, 33 o./u., 35 o./u., 37, 60 o.; Bernd Ziska: S. 5 o., 5 u., 6 o.l., 6 u., 7, 9 o./u., 11, 12 u., 13 u., 14 u., 15 M./u., 16 o./u., 21 o., 22 u., 24, 25 u., 26 o., 27 o., 28 o., 29, 34, 39 o. 48 o./u., 49, 61 l./r., 62 u., 63; Christine Cimzar-Egger: S. 6 o.r., 10 o., 12 o., 13 M., 14 o., 16 M., 18, 21 u., 22 o.l., 27 u., 30, 36, 39 o., 40 o./u., 42, 43, 44 o./u., 45 o.l./o.r./u.l./u.r., 46, 50, 51, 54, 55 o., 56 o./M./u., 57, 58 o./u., 59 o./u., 60 u., 62 o.; Eskimo Unilever: S. 8; ullstein bild – Viennareport: S. 17 o.; ullstein bild – Firo: S. 17 u.; ullstein bild – dpa: S. 38; ullstein bild – United Archives: S. 41; ullstein bild – United Archives /91040: S. 47; ullstein bild – Teutopress: S. 55 u.

Wir danken allen Lizenzträgern für die freundliche Abdruckgenehmigung.
In Fällen, in denen es nicht gelang, Rechtsinhaber an Abbildungen zu ermitteln, bleiben Honoraransprüche gewahrt.

1. Auflage 2013
Alle Rechte vorbehalten, auch die des auszugsweisen Nachdrucks und der fotomechanischen Wiedergabe.
Gestaltung: Ravenstein und Partner, Verden
Satz: Schneider Professionell Design, Schlüchtern-Elm
Druck: Druck- und Verlagshaus Thiele & Schwarz GmbH, Kassel
Buchbinderische Verarbeitung: Buchbinderei Büge, Celle
© Wartberg Verlag GmbH & Co. KG
D-34281 Gudensberg-Gleichen • Im Wiesental 1
Telefon: +49(0)5603/93050 • www.wartberg-verlag.de
ISBN: 978-3-8313-2678-5

VOR-WORT

Liebe 78er!

Wir hatten Glück! Wurden wir doch in eine Zeit des wachsenden Wohlstands der Alpenrepublik hineingeboren, mitten hinein in ein Leben mit wild gemusterten Tapeten und Flokatiteppichen. In unserem Geburtsjahr versetzte Österreichs Fußballnationalmannschaft das Land in einen Freuden-taumel, indem sie bei der WM in Córdoba in Argentinien gegen den Erzrivalen Deutschland ein 3:2 erzielte. Zudem wurde nicht nur die Inbetriebnahme des Atomkraftwerks Zwentendorf durch eine Volksabstimmung verhindert, sondern auch das Atom-Sperrgesetz erlassen, das seitdem in Österreich die Nutzung der Kernspaltung für die Energieversorgung verbietet. Dies war gleichzeitig die Geburtsstunde der österreichischen Grünen-Bewegung. 1978 fand auch die umfassende Fa-milienrechtsreform ihren Abschluss, die zumindest rechtlich das Patriarchat in den österreichischen Familien beseitigte. Unser Geburtsjahr ging als „Drei-Päpste-Jahr" in die Geschichte ein, aus dem Radio ertönte die Musik von ABBA, Boney M. und Smokie, aus Amerika kam Saturday Night Fever zu uns und löste auch hierzulande eine Disco-Ära aus.

Von alldem bekamen wir zunächst aber kaum etwas mit. Denn wir hatten mit uns und unserer Entwicklung genug zu tun. Was immer auch um uns herum geschah – für uns war zu diesem Zeit-punkt nur wichtig, dass wir satt waren, unser Popo trocken und wir in einem kuscheligen Bett den Abenteuern unseres Lebens entgegenschlummern konnten. Denn von diesen würde es viele für uns geben. Und nach und nach würden wir die Welt kennenlernen, erforschen und hinterfragen.

Viel Vergnügen bei dieser spannenden Zeitreise!

Ilona Mayer-Zach   Christine Cimzar-Egger

1978 - 1980

Wir starten durch!

Hier sind wir!

1978 erblickten 85 402 Kinder das Licht der österreichischen Welt. Die meisten von uns in Spitälern. Traditionelle Hausgeburten mit einer Hebamme gab es kaum noch. Nur hin und wieder am Land, wenn die Anreise zum nächstgelegenen Krankenhaus zu weit war oder es einer von uns besonders eilig hatte. Im Kreißsaal wimmelte es von Ärzten, Hebammen, Krankenschwestern und moderner Medizintechnik. Das versprach mehr Sicherheit im Fall von Komplikationen bei

Hallo!

der Geburt, auch wenn es uns ein wenig Wärme vermissen ließ. Zwar bestand für unsere Väter vereinzelt die Möglichkeit, bei der Geburt dabei zu sein, aber das war die Ausnahme. Die meisten von ihnen warteten in der Arbeit oder in einem Lokal in der Nähe des Spitals nervös darauf, von unserer Ankunft auf diesem Planeten informiert zu werden. Als wir endlich gelandet waren, wären wir viel lieber in den Armen unserer Mütter gelegen.

Chronik

25. Februar 1978
Eröffnung des ersten Teilstücks der Wiener U-Bahn.

8. Mai 1978
Die österreichischen Extrembergsteiger Reinhold Messner und Peter Habeler besteigen als erste Menschen den Mount Everest ohne Sauerstoffgerät.

21. Juni 1978
Österreichs Fußballnationalmannschaft erzielt bei der Fußball-WM 1978 in Córdoba in Argentinien ein 3:2 und besiegt damit nach 47 Jahren erstmals wieder den Erzrivalen Deutschland.

26. August 1978
Johannes Paul I. wird zum Papst gewählt. Da er im selben Jahr am 28. September stirbt, geht das Jahr 1978 als Drei-Päpste-Jahr in die Geschichte ein. Sein Nachfolger, Johannes Paul II., wird am 16. Oktober gewählt.

5. November 1978
Die Inbetriebnahme des ersten und einzigen kommerziellen Kernkraftwerks Zwentendorf wird durch eine Volksabstimmung verhindert: 50,47 Prozent der Österreicher stimmen dagegen.

1. Dezember 1978
Der Arlberg-Straßentunnel, mit knapp 14 km längster Straßentunnel der Welt, wird für den Verkehr freigegeben.

1. Januar 1979
Die Visa-Pflicht im Reiseverkehr zwischen Österreich und Ungarn wird aufgehoben.

1. Juli 1979
Der erste Walkman von Sony kommt auf den Markt.

23. August 1979
In Wien wird das UNO-City-Gebäude feierlich an die Organisation übergeben.

6. April 1980
Die Sommerzeit wird nach 32 Jahren wieder eingeführt.

Wir wachsen …

Aber bis es so weit war, wurden wir zunächst noch von der Hebamme gewaschen, gewogen und abgemessen. Alles musste seine Richtigkeit haben. Dann ging es auf die sterile Säuglingsstation, wo wir aufgereiht neben all den anderen 78ern lagen, von denen einige ganz schön laut schrien. Rooming-in war damals noch ein unbekanntes Fremdwort. Stattdessen wurden wir alle vier Stunden zu unseren Müttern gebracht, um von ihnen gestillt zu werden. In der Nacht dauerte die Pause doppelt so lange. Pech für uns, wenn

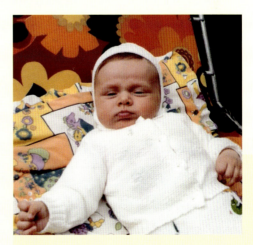

… und gedeihen.

Wir erfahren viel Liebe und Fürsorge.

wir außerhalb dieser festgelegten Stillzeiten Hunger hatten. Oder wenn wir gerade dann ein Nickerchen machen wollten, wenn die Schwestern uns zu unseren Müttern brachten. Da half kein Lamentieren. Stilltermine waren dazu da, eingehalten zu werden.

Daten und Fakten

Das durchschnittliche Erstheiratsalter lag bei unseren Müttern bei 21,7 und bei unseren Vätern bei 24,5 Jahren. Der Großteil unserer Eltern war verheiratet. Doch da die Gesamtscheidungsrate 1978 bei rund 24 Prozent lag, Tendenz weiterhin steigend, gehörten Alleinerzieher, Lebens-gemeinschaften und Patchworkfamilien in den kommenden Jahren ebenso zum Familienbild wie das traditionelle Vater-Mutter-Kind-Modell. Bei der Niederkunft waren unsere Mütter im Schnitt 26 Jahre alt und sie bekamen statistisch gesehen nur noch 1,6 Kinder.

Wir 78er.

Familienrechtsreform

In unserem Geburtsjahr wurde die Familienrechtsreform abgeschlossen. Mann und Frau sollten gleiche Rechte und Pflichten haben. Männer galten nicht länger als das „Oberhaupt der Familie", durften nicht mehr allein sämtliche Entscheidungen treffen und ihrer Ehefrau verbieten, berufstätig zu sein, wie das bis dahin der Fall gewesen war. Auch das „Gesetz über die Neuordnung der Rechtsstellung des ehelichen Kindes" trat am 1.1.1978 in Kraft. Bis dahin durfte der Vater allein über die Rechte des minderjährigen Kindes entscheiden, nun hatte die Mutter gleiches Mitspracherecht. Auch musste die Frau bei einer Eheschließung nicht mehr automatisch den Familiennamen des Mannes annehmen. Zur Mitte unseres Geburtsjahres trat das „Gesetz über die Neuordnung des gesetzlichen Erbrechtes der Ehegatten und des gesetzlichen ehelichen Güterstandes" in Kraft: Das während einer Ehe erworbene Privatvermögen wurde ab sofort im Falle einer Scheidung geteilt, während es bis dahin als Eigentum des Mannes gegolten hatte. Die „Kleine Scheidungsreform" ermöglichte von nun an sowohl eine „einverständliche Scheidung" als auch eine Scheidung gegen den Einspruch des Ehegespons. Zumindest auf dem Papier wurden damit veraltete Vorstellungen der Geschlechterrollen beseitigt und Eheleute zu gleichberechtigten Partnern.

Im Gitterbettchen lässt sich gut träumen.

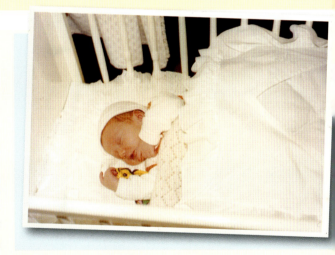

Herzlich willkommen!

Nach einigen Tagen ging es endlich nach Hause. Dort lernten wir unseren Vater, unsere Geschwister und so nach und nach alle Onkel, Tanten und Anverwandten kennen. Von denen wurden wir bewundert und alle rissen sich darum, uns in ihren Armen zu wiegen. „So ein hübsches Mäderl!" oder „So ein fescher Bub!" stellten sie unisono fest. Als uns alle gebührend begrüßt hatten, durften wir uns im kuscheligen Gitterbett oder im Stubenwagen mit Rollen, den man überallhin schieben konnte, von der Aufregung erholen. Dabei wurde darauf geachtet, dass wir auf dem Bauch lagen, weil man damals überzeugt war, dass das am besten für uns sei. Unsere Mutter hatte alles schon vorbereitet. Im Kasten lagen Strampler, Jäckchen und jede Menge andere Babykleidung.

1. bis 3. Lebensjahr

Teils gebraucht, teils geschenkt, manches von Oma und Tanten selbst gestrickt oder genäht. Einige von uns schliefen im Schlafzimmer der Eltern. Das war praktisch, weil dann Mama gleich zur Stelle war, wenn wir in der Nacht aufwachten. Für andere von uns stand ein wunderschönes Kinderzimmer bereit oder wir teilten uns eins mit unseren Geschwistern. Für Ablenkung sorgten jede Menge Teddys, Rasseln, weiche bunte Bälle und ein buntes Mobile über unserem Bett.

Wir verschlafen die Discowelle

1978 kam der US-amerikanische Tanzfilm „Nur Samstag Nacht" („Saturday Night Fever") in die deutschsprachigen Kinos. Der Film löste auch hierzulande eine Discowelle aus, die eine eigene Musikgattung und Mode schuf und für die Eskimo sogar einen „Disco-Nogger" kreierte. John Travolta wurde in der Rolle des Tony Manero mit Schlaghose, Plateauschuhen und hautengem Hemd zur Hollywoodlegende und als „Bester Hauptdarsteller" für den Oscar nominiert. Hits der Bee Gees wie „Stayin' Alive" und „Night Fever" wurden unsterblich. Der Film wurde als „Bester Film", die Filmmusik und der Song „How Deep Is Your Love" wurden für den Golden Globe Award nominiert.

Disco-Nogger.

Alles bestens organisiert

Wenn wir Glück hatten, durften wir an der Brust unserer Mutter nuckeln und die wohlige Wärme genießen. Bei den meisten von uns klappte das mit dem Stillen aber nicht so recht. Das lag zum einen an den fixen Zeiten, zu denen wir trinken sollten. Denn Babys bräuchten einen festen Rhythmus, so die damals landläufige Meinung. Zum anderen wurde unseren Müttern erzählt, dass Muttermilch schadstoffbelastet und zu wenig nährreich sei, weshalb wir in der Nacht schlechter schlafen würden. Das waren schwerwiegende Gründe, weshalb die meisten von uns bald zu Flaschenkindern wurden. Für jene unserer

Zunächst füttert uns Mama, …

Mütter, die berufstätig waren, brachte die Fertignahrung den Vorteil der baldigen Unabhängigkeit. Ein Fläschchen konnte uns jeder verabreichen, der Wasser abkochen, die Babynahrung im Glasfläschchen vermischen und den Sauger in den Mund stecken konnte. Oft war es die Oma, die auf uns Acht gab, wenn Mama zur Arbeit ging, was bei vielen von uns der Fall war. Vor allem wenn jeder Schilling gebraucht wurde, weil unsere Eltern gerade ein Haus bauten. 1978 herrschte in Österreich Vollbeschäftigung, die Arbeitslosenquote lag bei 2 Prozent. Wenn wir Glück hatten, arbeitete unsere Mama als Kindergärtnerin oder Lehrerin, was gut mit der Familie vereinbar war. Oder sie arrangierte sich mit anderen Freundinnen, die ebenfalls Kinder hatten und man half sich gegenseitig. Um einige von uns kümmerte sich eine „Leihtante", die auch im Haushalt mithalf.

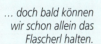

… doch bald können wir schon allein das Flascherl halten.

Für unsere Zukunft

Bei der ersten Volksabstimmung seit 1945 lehnte die Bevölkerung am 5. November 1978 mit einer knappen Mehrheit von 50,47 % die Inbetriebnahme des Atomkraftwerks Zwentendorf ab. Die Gegner warben mit Slogans wie „Atomkraft? Nein danke" oder „Atomstrom ist todsicher". Einen Monat später wurde das Atomsperrgesetz beschlossen, wonach in Österreich ohne Volksabstimmung kein Atomkraftwerk gebaut werden darf.

Das Licht Christi

Bald nach unserer Geburt herrschte große Aufregung. Verwandte und Freunde versammelten sich und wir wurden in ein weißes Taufkleid oder einen „Taufsack" gehüllt. Unsere Eltern waren, vor allem wenn sie in der Stadt lebten, nicht mehr so streng katholisch. Sie gingen nicht jeden Sonntag in die Kirche, wie das früher üblich war und wie das unsere Großeltern oder jene, die am Land lebten, nach wie vor praktizierten. Dennoch wurden auch von unseren Eltern alle kirchlichen Feste gefeiert und die Familie kam zusammen. Und so wurden wir in die Kirche getragen, wo der Herr Pfarrer die feierliche Zeremonie der Taufe für uns abhielt. Das war ziemlich einschläfernd, also dösten wir in den Armen unserer Taufpatin oder unseres Taufpaten vor uns hin. Erst als der Pfarrer uns kaltes Wasser auf die Stirn gab, schraken wir auf und taten unseren Unmut laut kund. Viele von uns erhielten Namen wie Christine, Julia, Stefanie, Andreas, Michael und Thomas, weil die unseren Eltern damals am besten gefielen. Wir bekamen auch Geschenke, wie zum Beispiel eine Kette mit einem Engerl-Anhänger und eine Taufkerze. Und manchmal bekamen wir sogar ein Sparbuch mit einem kleinen Startgeld. Doch darüber würden wir uns erst später freuen. Nach der Zeremonie wurden farbige Erinnerungsfotos mit uns geschossen oder wir wurden zu Filmstars, wenn der Onkel seine Super-8-Kamera zückte. Anschließend wurde zur Feier des Tages in einem Gasthaus oder Restaurant gespeist. Nach solch großer Aufregung um unsere Person genossen wir es, wieder ins Träumeland abzutauchen.

Trendige Taufkerze.

Im Kreise unserer Familie.

Terrorismus, Umweltkatastrophen und Drei-Päpste-Jahr

Weniger friedlich ging es in der großen weiten Welt zu: Mordanschläge, Entführungen, Banküberfälle – ab den 1970er-Jahren wurde Terrorismus zunehmend für politische und ideologische Zwecke eingesetzt. In unserem Geburtsjahr wurde der ehemalige italienische Ministerpräsident Aldo Moro entführt, dessen Leiche am 9. Mai in Rom gefunden wurde. Der Tanker „Amoco Cadiz" lief vor der Küste der Bretagne auf Grund, was zu einem der größten Ölunglücke der Geschichte führte. Rund 400 Kilometer Küste wurden verseucht, hunderttausend Tonnen Schnecken, Muscheln und unzählige Fische und Seevögel getötet. Im November 1978 begingen über 900 Mitglieder der Sekte „Tempel des Volkes" mit Giftcocktails im Dschungel von Guyana Massenselbstmord. Am 6. August 1978 starb Papst Paul VI. im 81. Lebensjahr. Sein 65-jähriger Nachfolger, Kardinal Albino Luciani erlag nach nur 33 Tagen im Amt einem Herzschlag. Am 16. Oktober wurde der polnische Kardinal Karol Wojtyla als Johannes Paul II. zum nächsten Papst gewählt. Damit ging unser Geburtsjahr als „Drei-Päpste-Jahr" in die Geschichte ein.

Die wilden Muster und bunten Farben faszinieren uns.

Überflieger

Schrille Buntheit und psychedelische Muster bestimmten unsere ersten Jahre. Egal ob in der Mode oder in der Wohnungsausstattung. Wenn wir wach waren, betrachteten wir fasziniert die Tapeten unserer vier Wände, auf denen meist wilde Ornamente in kräftigen Farben prangten. Ebenso wie auf Vorhängen oder den Fliesen im Badezimmer, wo wir gewickelt wurden. Männer trugen längere Haare und buschige Koteletten, die Kleider der Frauen wurden immer kürzer. Die meisten unserer Eltern liefen zwar nicht ausgeflippt herum, aber auch das Sakko unseres Vaters war tailliert und seine Hose unten ausgestellt. Schlaghosen waren der Modetrend schlechthin. Leuchtendes Orange, Gelb, Grün, Beige, Rot, Karos, Tupfen und geometrische Formen dominierten Westen, Pullis, Kniestrümpfe, Hosen und Röcke, die ihre Träger manchmal gehörig zum Schwitzen brachten, weil vieles aus Kunstfasern war. In den Gesichtern unserer Eltern dominierten dunkle und dicke Brillenränder, die gerade so angesagt waren.

1. bis 3. Lebensjahr

Aus dem Radio ertönten Hits wie „Mexican Girl" von Smokie, „Rivers of Babylon" und „Rasputin" von Boney M., „Y.M.C.A." der Village People oder „Take A Chance on Me" von ABBA. Wenn unsere Mutter uns dazu hoch in die Luft hob und drehte, fühlten wir uns wie Überflieger.

Auch wir tragen die Trendfarben.

Große Aufregung

Normalerweise drehte sich alles um uns. Das war klar. Aber am 21. Juni 1978 mussten diejenigen von uns, die bereits auf der Welt waren, die Aufmerksamkeit teilen. Denn es spielte die österreichische Fußballnationalmannschaft bei der Fußball-WM in Argentinien gegen den amtierenden Weltmeister Deutschland. Und dort geschah das „Wunder von Córdoba": Nach 47 Jahren gewann Österreich mit 3:2 gegen den Erzrivalen! Hans Krankl – so würde uns noch viele Jahre später erzählt werden – schoss das legendäre Siegestor. Moderator Edi Finger schrie „Tooor, Tooor! – I wear narrisch!!!" und das ganze Land versank im kollektiven Freudentaumel. Das Maskottchen hieß „Gauchito". Einige unserer Väter waren so fußballbegeistert, dass sie lebensgroße Gauchitos kauften, die bis heute im Keller als Kleiderständer dienen.

Was für ein Jahr: Unsere Geburt, Córdoba und dann kommt auch noch das Christkind!

Große weite Welt

Täglich ging es im Kinderwagen nach draußen. Ganz hoch war er, zumeist aus weichem Schnürlsamt, bot unten genug Platz für Taschen und Mutters Einkäufe und wackelte einschläfernd. Einige von uns konnten die Welt durch ein Panoramafenster aus Plexiglas genießen. Später, als wir größer waren, wurden unsere Wägen in einen Sitzwagen umgebaut und so konnten wir die Welt bequem im Sitzen bestaunen. Oder wir durften unsere Runden in einem trendigen Buggy drehen, der leicht und zusammenfaltbar und dank der lenkbaren Vorderräder sehr wendig war. Überall mit dabei: unser riesiger Stoffhund, den wir knuddelten, bis er nur noch ein Auge hatte und die Füllung herausquoll, sowie unsere Lieblingsdecke.

Gut eingepackt geht es nach draußen.

Noch spannender wurde das Leben für uns, als wir uns nach und nach eigenständig fortbewegen konnten. Auch wenn wir dafür einige Anstrengungen auf uns nehmen mussten. Zunächst robbten wir auf dem Bauch liegend voran, dann krabbelten wir los. Bis wir unsere ersten Schritte machten, dauerte es noch eine Weile, aber an Motivation mangelte es uns nicht. Was gab es doch überall für interessante Möbel und Gegenstände, zu denen wir so gern hinwollten: Einmal die hübsche Lavalampe befühlen, die uns ebenso faszinierte wie die orangefarbenen Sessel im Wohnzimmer. Dass viele Gegenstände aus buntem Kunststoff waren, hatte für uns Vorteile: Alles sah farbenfroher aus, war leichter und ging nicht gleich kaputt, wenn uns etwas hinunterfiel. Besonders gut gefiel uns der „Flokati", der kultige Hirtenteppich aus Wolle, in den wir uns so gern kuschelten.

Ein Nickerchen im Buggy.

Wir feiern den ersten Geburtstag!

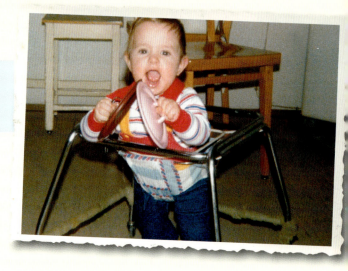

Wir sind mobil:
Zunächst mit der Gehschule …

Wir werden mobil

Welche Begeisterung, als wir unsere ersten Schritte machten, welch neue Dimensionen sich plötzlich vor uns auftaten! Dank dem Lauflernwagerl, diesem Gefährt mit Rollen dran, konnten wir uns gut fortbewegen und Schubladen und Gegenstände wurden für uns erreichbar. Doch die Freude währte nur kurz: Statt unseren Radius ständig zu erweitern und die aufregende Welt um uns zu erkunden, hieß es: Ab in den Laufstall. Zwar konnte das Unding auf verschiedenen Plätzen aufgestellt werden, so dass sich zumindest unsere Aussicht veränderte. Auch warteten darin unzählige Spielsachen und Kuscheltiere auf uns, doch es gefiel uns so gar nicht, dass die gerade erworbene Mobilität gleich wieder eingeschränkt wurde.

Was die lukullischen Genüsse anbelangte, gab es immer mehr Abwechslung auf unserem Speiseplan. Waren wir zunächst gefüttert worden – „Ein Löffel für den Papa, ein Löffel für die Oma …" – griffen wir nun selbst zu und trafen immer öfter mit dem beladenen Löffel in unseren Mund. Und wie stolz wir waren, als uns alle lobten, weil wir nun aufs

… und später mit dem Traktor.

14

Kleine und große Erfolge am Töpfchen.

Töpfchen gingen und die Windeln bald der Vergangenheit angehörten. Unsere bunte Plastikbadewanne haben wir geliebt. Und natürlich war die gelbe Quietscheente immer mit dabei. Im Sommer spielten wir so lange im aufblasbaren Planschbecken, bis unsere Zehen schrumplig wurden.

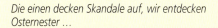

Die einen decken Skandale auf, wir entdecken Osternester …

Milliardenskandale und Aufdecker der Nation

Exorbitante Kostenexplosionen, Schmiergeldzahlungen, Millionenbeträge, die auf dubiose Konten ins Ausland wanderten, überhöhte Honorare – der Bau des Wiener Allgemeinen Krankenhauses (AKH) wurde mit 45 Milliarden Schilling zu Europas teuerstem Krankenhausbau. 1980 deckte der Journalist Alfred Worm den „AKH-Skandal" auf, den bislang größten Bauskandal in Österreich. Worm brachte als „Aufdecker der Nation" laufend unseriöse Praktiken bei der Vergabe von Großbauaufträgen ans Licht und machte zahlreiche Schmiergeld- und Betrugsaffären in Österreich publik. Darunter auch die „Noricum-Affäre", bei der das österreichische Unternehmen Noricum illegal Waffen an die miteinander im Krieg stehenden Staaten Iran und Irak lieferte.

… und dann die ganze Welt.

1. bis 3. Lebensjahr

Unser Schneemann trägt Hut.

Eins, zwei, drei im Sauseschritt!

Und dann war es so weit, nichts konnte uns mehr halten. Wir standen sicher auf unseren Beinen und erkundeten die Umgebung, wenn auch unter den Argusaugen unserer Eltern, Geschwister und Großeltern. Vor allem wenn der Schnee kam, löste das große Begeisterung bei uns aus. Viele von uns starteten schon mit knapp zwei Jahren die ersten Versuche, mit den Baby-Skiern aus Plastik sanfte Hügel oder die leicht abschüssige Straße in der Reihenhaussiedlung hinunterzufahren. Eine weitere Sensation war ein knallroter Bob, den so manch einer von uns zu Weihnachten bekam und mit dem wir so lange die Schneehänge hinunterdüsen würden, bis er entweder kaputt war oder wir nicht mehr hineinpassten.

Happy Birthday!

Das Christkind bringt uns einen knallroten Bob.

Prominente 1978er

18. Feb. Oliver Pocher
Deutscher Comedian, Schauspieler
und Fernsehmoderator.

30. März Eva Ganster
Die österreichische Skispringerin und
Sportwissenschaftlerin sprang 1997
als erste Frau über eine Flugschanze
und kam mit der erzielten Weite von
167 Metern ins Guinnessbuch der
Rekorde.

5. April Franziska van Almsick
Ehemalige deutsche Schwimmerin
und mehrfache Welt- und Europa-
meisterin.

9. Juni Miroslav Klose
Der deutsche Fußballspieler mit pol-
nischen Wurzeln, der u. a. in der
deutschen Nationalmannschaft
spielte, zählt zu den erfolgreichsten
WM-Torschützen.

Hilde Dalik

13. Juni Hilde Dalik
Die in Wien geborene Schauspielerin ist in zahlreichen namhaf-
ten Theaterproduktionen sowie im
Bereich Film und Fernsehen zu
sehen.

29. Juni Nicole Scherzinger
Die US-amerikanische Tänzerin und
Sängerin wurde als Frontfrau der
Tanz- und Musikgruppe Pussycat
Dolls bekannt und spielte auch im
Film „Men in Black III" mit.

27. Okt. Vanessa-Mae Vanakorn
Nicholson
Die in Singapur geborene britische
Violinistin wurde durch ihre Kombi-
nation von Klassik, Pop und Techno
bekannt.

18. Dez. Katie Holmes
Die US-amerikanische
Schauspielerin wurde u. a. als Joey
Potter in der Fernsehserie Dawson's
Creek ein Star.

Miroslav Klose

1. bis 3. Lebensjahr

Fliegenpilze, Tränen und Schokoladepudding

Die meisten von uns besuchten einen Kindergarten. Alle Experten waren sich einig, dass wir dort wichtige Erfahrungen für unser Leben machten. Wir waren je nach Alter in verschiedene Gruppen eingeteilt und jeder bekam ein Zeichen wie Marienkäfer, Ball, Fliegenpilz, Baum oder Katze bei der Garderobe zugeteilt, mit dem unsere Habseligkeiten markiert werden mussten.

Jetzt sind wir Kindergartenkinder.

Chronik

6. Januar 1981
Der österreichische Skispringer Hubert Neuper gewinnt die Vierschanzentournee 1980/81.

11. Mai 1981
Der Reggae-Sänger Bob Marley, Symbol des Kampfes gegen Unterdrückung, stirbt 36-jährig an Krebs.

5. Juni 1981
Der erste offizielle AIDS-Fall wird dokumentiert.

29. August 1981
Österreich wird durch einen Terroranschlag zweier Araber auf eine Synagoge in der Wiener Innenstadt erschüttert. Zwei Menschen werden getötet.

9. September 1981
Beginn des AKH-Prozesses mit der Verlesung der 168 Seiten starken Anklageschrift. Damit wird der bisher größte Korruptionsskandal der Zweiten Republik juristisch aufgerollt.

9. März 1982
Die Vereinten Grünen Österreichs (VGÖ), Vorgänger der österreichischen Partei Die Grünen, werden gegründet

15. Mai 1982
Mehr als 70 000 Menschen beteiligen sich am Friedensmarsch in Wien, der größten Kundgebung der Zweiten Republik.

25. April 1983
Die SPÖ verliert in der Nationalratswahl die absolute Mehrheit und Bruno Kreisky gibt bald darauf seinen Rücktritt bekannt.

25. April 1983
Der Stern präsentiert die angeblichen Hitler-Tagebücher, die sich bald als Fälschung herausstellen.

10. September 1983
Papst Johannes Paul II. besucht Österreich anlässlich des Katholikentages. Zum Festgottesdienst im Donaupark kommen trotz strömenden Regens mehr als 350 000 Gläubige.

Abgesehen von speziellen Spielen zur Sprach- und Denkförderung sollten vor allem diejenigen von uns, die keine Geschwister hatten, lernen, sich mit anderen Kindern und in Gruppen gut zurechtzufinden. Alles als Vorbereitung auf einen sanften Übergang in die Schule. Das gelang manchmal besser und dann wieder weniger. Je nachdem, ob auch wir mit den beliebtesten Spielsachen spielen durften und den begehrten Roller ergattern konnten – oder eben nicht.

Für viele von uns war die Umstellung eine tränenreiche Angelegenheit, egal wie viel Spielzeug und buntes Tagesprogramm wie Malen, Basteln und Musizieren auf uns wartete und egal, wie groß der Garten und wie toll die Klettergelegenheiten waren. Wie rasch wir uns in diese neue Welt mit so vielen neuen Gesichtern und Regeln eingewöhnten, hing sehr von den Kindergartentanten ab. Bei der netten „Tante Sissi" gefiel es uns viel besser als bei der strengen „Tante Irma". Diejenigen von uns, die ein kleineres Geschwisterchen hatten, taten sich manchmal besonders schwer, weil auch noch die Eifersucht auf die kleine Schwester oder den kleinen Bruder dazukam, die die ganze Zeit über bei Mama bleiben durften. Aber irgendwann war der Schmerz überwunden, vor allem, wenn wir mit den überdimensionalen Holzbausteinen, mit denen wir uns immer gegenseitig einmauerten, oder mit der neuen Autogarage spielen durften.

Obwohl die Köchin ganz lieb war – so gut wie bei Mama schmeckte uns das Essen nicht. Vormittags gab es meist ein „Gabelfrühstück" mit Tee und Wurstsemmel. Vor allem das duftende Getränk schmeckte uns

4. bis 6. Lebensjahr

Neue Freunde.

gut. Aber beim Mittagessen kam es zu mancher Krise, weil wir immer alles bis auf den letzten Bissen aufessen mussten. Am wenigsten mochten wir gefüllte Paprika, Kohlrabigemüse oder Karfiolsuppe. Wir hatten aber auch Lieblingsspeisen wie zum Beispiel Apfelmus oder Schokopudding. Davon konnten wir problemlos auch zwei Portionen verdrücken.

Bröselnudel und Gschmackiges

Auch zu Hause wurde gegessen, was auf den Tisch kam. Aber das war fast immer ausgezeichnet. Denn obwohl die meisten unserer Mütter berufstätig waren, kochten sie selbst. Da es nach dem Heimkommen oft schnell gehen musste, schätzte unsere Mutter den Kelomat. Sogar Nudeln und Sugo, die wir besonders gern mochten, wurden im Schnellkochtopf zubereitet. Unter der Woche gab es meist Hausmannskost wie Hörnchen mit Faschiertem, geröstete Knödel mit Ei, Kaiserschmarrn, süße Bröselnudel oder Marillenknödel, Palatschinken, überbackenen Karfiol, Augsburger mit Dillkartoffeln, Eintöpfe und viel Köstliches mehr. Abends mochten wir Grießkoch mit Butter und Kakao. Nur wenn am Donnerstag Gemüse auf dem Menüplan stand, dann war das nicht unser aller Geschmack. Der Fisch am Freitag war auch nur in Form von Fischstäbchen auf unseren Tellern willkommen. Am Sonntag wurde aufgekocht und Schweinsbraten, Schnitzel in allen Variationen und andere Köstlichkeiten standen am Tisch. Zur Kaffeejause gab es frischen Apfelstrudel oder Gugelhupf mit Schlag. Aus den Fleisch- und Beilagenresten zauberte unsere Mama am Montag oft ein gschmackiges Gröstl. Die Tiefkühlkost hatte seit einiger Zeit den Siegeszug angetreten: Neben Germknödeln, würzigen Fleischknödeln, Cremespinat und Gemüse in praktischen Tiefkühl-Großpackungen wurde das Sortiment immer größer und bot unseren Müttern eine erntefrische Alternative, wenn es mit der Zeit fürs Kochen mal wieder knapp wurde.

Viele Feste hat das Kindergartenjahr

Das Kindergartenjahr präsentierte sich ab-wechslungsreich. Viele Überraschungen und Feste warteten auf uns. Im Herbst sammelten wir Kastanien und bastelten Tierfiguren oder wir klebten bunte Blätter, die wir bei einem Spaziergang gesammelt hatten, auf ein Blatt Papier. Jedes Jahr im November fand der „Laternderlumzug",

Wann kommt nun endlich der Nikolo?

das Fest des heiligen Martin, statt. Dafür bastelten wir schon Wochen davor unsere Laternen aus buntem Pappmaschee, die wir dann stolz trugen und dazu „Ich geh mit meiner Laterne und meine Laterne mit mir! Rabimmel, rabammel, rabumm!" sangen. In der Adventzeit zündete die Kindergartentante jede Woche eine weitere Kerze am Kranz an. In dieser Zeit hieß es besonders brav sein, weil wir uns vor dem Krampus fürchteten, der manchmal den Nikolaus begleitete und schlimme Kinder in seinen Korb steckte – so zumindest wurde es uns erzählt. Aber dann kam der Nikolaus mit dem weißen Bart und dem roten Umhang ohne Begleitung und fragte uns, ob wir wohl brav gewesen waren, bevor er uns das Packerl mit Äpfeln, Lebkuchen und Nüssen gab. Mit einem unsicheren Blick auf die Kindergärtnerin nickten wir und hofften, dass sie uns nicht verriet. Denn so sehr wir uns bemühten, dieses Bravsein fiel uns manchmal sehr schwer.

Schon waren wir mittendrin in den Vorbereitungen für Weihnachten. Wir studierten Weihnachtslieder ein, bastelten Geschenke für Mama und Papa, lauschten den Weihnachtsgeschichten, die uns von den Tanten vorgelesen wurden und halfen beim Dekorieren für die Weihnachtsfeier, bei der wir sangen, musizierten und manchmal ein Theaterstück vorführten.

Im Fasching ging es hoch her. Da verkleideten wir uns als Kasperl mit spitzem Hut, als Hexen, Monchhichis (auch wenn wir mehr wie Monster aussahen) oder Schlümpfe. Wenn wir Glück hatten und unsere Mutter sehr gut nähte, dann wurden wir zu Till Eulenspiegel, Ballerinas oder Prinzessinnen und trugen stolz diese selbst gemachten Kostüme, die nur wir besaßen.

Im Fasching verwandeln wir uns in eine Ballerina …

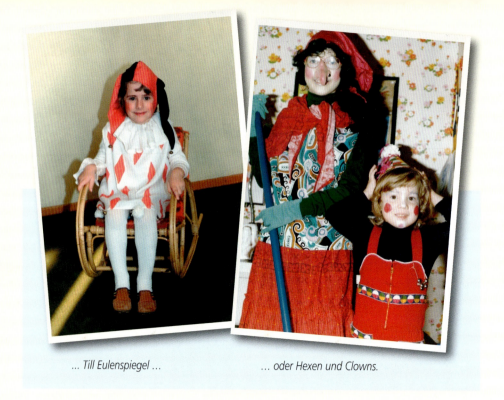

... Till Eulenspiegel ...   *... oder Hexen und Clowns.*

Durften wir uns im Kindergarten nicht selbst kostümieren, brachten wir zumindest ein verkleidetes Stofftier mit. In den Kindergarten kam der Osterhase natürlich auch, und wir haben immer etwas für ihn gebastelt. Besonders lustig war für uns das Eierausblasen und Bemalen. Dabei wurden die Eier nach allen Regeln der Kunst beschmiert, Pardon: verschönert!

Am Geburtstag war es Brauch, dass das Geburtstagskind für alle etwas mitbrachte und sich dann im obligaten Sesselkreis eine Geschichte wünschte.

Feste mit Familie, Verwandten und Freunden

Natürlich wurden all diese Feste auch zu Hause mit unseren Familien feierlich begangen. Zum Nikolo gab es oft ein Treffen mit Bekannten und Verwandten. Zusammen mit unseren Geschwistern und Freunden fürchteten wir uns schon weit weniger, wenn es endlich an der Tür klopfte und der Nikolaus mit langem

Ob wir brav waren? Was für eine Frage!

Testfahrt mit den neuen Skiern.

weißen Bart und rotem Umhang in den Raum trat. Vor allem weil er uns so freundlich ansprach und uns seine Stimme an den lieben Onkel Günter erinnerte, der leider den Auftritt des Nikolos verpasste, weil er gerade nicht im Raum war. Welch ein Zufall, dass der Nikolo die gleichen Schuhe trug wie der Onkel! Das würden wir ihm gleich berichten, wenn er sich wieder zu uns gesellte.

Während der Adventzeit wurden vorm Adventkranz Geschichten gelesen und Lieder gesungen. Wir halfen natürlich auch tüchtig beim Keksebacken mit und naschten vom süßen Teig, obwohl uns die Oma immer einbläute, dass wir davon Bauchschmerzen bekommen würden. „Das Christkind sieht alles!", sagte sie, wenn wir es hinter ihrem Rücken trotzdem taten. Da bekamen wir sofort ein schlechtes Gewissen. Denn natürlich hofften wir, dass viele unserer Wünsche, die wir auf ein Blatt Papier gemalt hatten, welches das Christkind vom Fensterbrett geholt hatte, unter dem Weihnachtsbaum in Erfüllung gehen würden. Ein Bob mit Bremsen und Lenkhebel, Skier oder ein Puppenwagen, der wie ein echter aussah, nur viel kleiner, zählte genauso dazu wie Gewand, Malstifte und Spiele.

Endlich öffneten wir das letzte Fensterchen unseres Adventkalenders und unsere Aufregung steigerte sich ins Unermessliche. Heute würde das Christkind kommen!

Fröhliche Weihnacht!

Würden wir es gar zu Gesicht bekommen? Gleich nach dem Mittagessen, das an diesem Tag meist nur aus einem Eintopf bestand, mussten wir mit Mama oder Papa einen Spaziergang machen oder in die Kinderweihnachtsmesse gehen, während der jeweils andere dem Christkind helfen durfte, den Baum zu schmücken. Wie wir den glücklichen Helfer beneideten! Als wir heimkamen, hätten wir gern beim Schlüsselloch hineingeschaut. Doch das war strikt verboten. Als endlich das Glöcklein läutete, war es zu spät. Da war das Christkind schon zu einer anderen Familie geflogen, um alles fürs Weihnachtsfest vorzubereiten. Der Weihnachtsbaum erstrahlte im Glanz der Lichter, wir sangen Lieder, sagten Gedichte auf und dann war es endlich so weit: Wir durften die vielen bunten Pakete, die unter dem Baum lagen, auspacken. Da kamen Puppen, Bilderbücher, Wissensspiele mit Lämpchen, die aufleuchteten, wenn wir die richtige Antwort wussten, oder ein kuscheliger Löwe zum Vorschein. Spätestens da war die Enttäuschung vergessen, dass wir das Christkind auch diesmal nicht zu Gesicht bekommen hatten. Zu den Weihnachtstagen

ging es immer hoch her, entweder kamen Großeltern, Verwandte und Bekannte zu uns auf Besuch, oder wir fuhren zu ihnen und bewunderten ihren Weihnachtsbaum und die Geschenke. Und überall warteten volle Teller und Dosen mit Weihnachtskeksen, Nuss- und Mohnputizen und anderen süßen Köstlichkeiten auf uns.

Zu Ostern gab es bei jedem Wind und Wetter eine Osternestsuche. Wenn noch Schnee lag, waren die bunten Nester noch leichter zu finden.

Ostereiersuchen ist aufregend.

Monchhichis, Traktoren und jede Menge Gatsch

Draußen waren wir immer gern, egal zu welcher Jahreszeit. Hauptsache, wir hatten die richtige Kleidung an. Wir Mädchen trugen zum Herumtollen lieber Hosen als Kleider, weil die Röckchen zum Laufen und Kraxeln weniger praktisch waren. Zunächst spielten wir noch unter Aufsicht. Gärten, Höfe und Parks wurden unser Revier. Unsere Kreationen in der Sandkiste wurden immer schöner und wir spielten gemeinsam Verstecken oder

Wir verkleiden uns gern.

Fußball. Gern drehten wir mit dem Dreirad, das wir zum Geburtstag geschenkt bekommen hatten, unsere Runden. Später konnten wir dann mit dem Roller oder mit dem Fahrrad mit Stützrädern unserer kindlichen Freiheit entgegendüsen.

Wenn wir am Land wohnten oder unsere Ferien in einem Wochenendhaus im Grünen verbrachten, hatten wir noch mehr Freiheiten, weil wir meist mit den größeren Geschwistern und den Nachbarskindern im Garten, im Wald oder auf der Wiese Fangen oder Ball spielten und im See plantschten. Am Land hatten wir schon viel früher mehr Pflichten als Stadtkinder. Wir mussten beim Füttern der Tiere, auf dem Feld und überall dort helfen, wo unsere zwei kleinen Hände von Nutzen waren. Zur Belohnung durften wir manchmal auf dem Traktor mitfahren. Wenn wir in einer Stadtsiedlung wohnten, dann hatten wir viele Spielgefährten in ähnlichem Alter. Da ließ es sich gut herumlaufen, „Völkerball", „Fangerl", „Donner-Wetter-Blitz", „Verstecken" oder „Räuber und Gendarm" spielen. Auf die Frage: „Wer fürchtet sich vorm schwarzen Mann?", brüllten wir laut: „Niemand!", und versuchten, an unseren Gegnern vorbeizukommen. Wenn Äcker und Felder in der Nähe waren, kamen wir oft paniert vom

Schmutz nach Hause, weil so manch einer von uns im Gatsch landete. War es heiß, sprangen wir mit Vorliebe durch den Beregner im Garten und kamen dann aus dem Quietschen gar nicht mehr heraus. Im Winter versuchten wir uns beim Schneemannbauen. Oder wir machten die naheliegenden Hügel unsicher, indem wir mit unseren Bobs und Schlitten hinuntersausten.

Schüttete es mal aus allen Kannen und mussten wir drinnen bleiben, war das auch kein Malheur. Dann spielten wir mit unserem Bauernhof oder mit der Lego-

Mit Papa erklimmen wir die Gipfel.

So ein cooler Schlitten.

Elektrikeisenbahn, um die unser Vater eine ganze Stadt herum gebaut hatte. Oder wir blätterten in unseren Bilderbüchern. Wir Mädchen frisierten die Mähne unseres heiß geliebten „My little Pony" oder kleideten unsere Lieblingspuppe neu ein. Wir spielten mit unserem Monchhichi, legten Märchenwürfelpuzzles oder schlüpften in die verschiedensten Rollen. Wir Buben bastelten oder spielten mit Matchbox-Autos. Im Hintergrund liefen Märchen oder Hörspiele auf unserem Kassettenrecorder. Trotz der vielen Spielsachen, die wir besaßen, hatte der Dauerbrenner Lego nicht an Reiz verloren.

Mit Oma und Opa spielten wir „Mensch ärgere dich nicht", „Pferderennen" oder „Quartett" und freuten uns, wenn wir ihnen den „Schwarzen Peter" unterjubeln konnten. Während für uns Landkinder Tiere meist ohnehin zum Alltag gehörten, war es für uns Stadtkinder eine schöne Erfahrung, als wir unser erstes Meerschweinchen kuscheln durften. Davor hatten wir jedoch hoch und heilig versprechen müssen, uns regelmäßig ums Futter und frisches Wasser zu kümmern. Zum Glück half uns Mama beim Ausmisten des Käfigs.

Die Monchhichis müssen mit aufs Familienfoto.

Kristallklar und silbern

Am 17. August 1982 begann die Massenfertigung der ersten Compact-Disc. Mit der silbernen Scheibe sollte eine Revolution im Bereich der Tonträger einsetzen. Nach und nach würde die CD die heiß begehrten Schallplatten und Audiokassetten verdrängen und den Musikmarkt dominieren.

Das ABBA-Album „The Visitors" und Billy Joels „52nd Street" zählten zu den ersten CDs. Doch zunächst waren die Anschaffungspreise im Haushaltsbudget unserer Eltern nicht vorgesehen: CDs kosteten damals rund 300 und der CD-Player noch rund 15 000 Schilling.

Ein Eis wäre jetzt nicht schlecht.

Galaxy, Plattfüße und PEZ

PEZ-Zuckerl in verschiedenen Geschmacksrichtungen waren bei uns immer angesagt. Vor allem die PEZ-Spender mit dem Knips-Ausgabe-mechanismus gefielen uns, die uns ein Zuckerl nach dem anderen ausspuckten und uns ständig mit neuen Köpfen begeisterten. Im Sommer war Eisschlecken angesagt. Meistens mussten wir uns mit einem schokoladigen „Brickerl" oder einem „Jolly" um damals vier Schilling begnügen. Für viele von uns war das grün- und orangefarbene „Twinny" das Lieblingseis. Besonders begehrenswert waren für uns aber Eisvariationen mit lustigen Formen und ausgefallenen Namen wie „Galaxy", „Herz am Stiel", „Plattfuß", „Calippo" oder „Der große Fingerlutscher", die um einiges teurer waren. Zu speziellen Anlässen durften wir uns einen „Nogger", einen „Paiper" oder gar ein „Cornetto" aussuchen, wofür unsere Eltern gleich einmal 11 Schilling hinlegen mussten.

Sonne, Berge und Meer

Die Reisewelle wuchs in den 80ern weiter an. Urlaub in Österreich war nach wie vor sehr gefragt, schließlich hatten wir hier alles, was es für Ferien brauchte: Wir fuhren zur Sommerfrische in die Berge, badeten in klaren Seen, fuhren mit dem Schiff.

Almen und Wälder luden nicht nur in den Ferien zum Wandern ein, oft gingen wir am Wochenende spazieren, Schwammerl suchen oder machten Picknicks. Im Sommer fuhren wir nach Kärnten, Niederösterreich oder in ein anderes schönes Bundesland, um die Verwandtschaft zu besuchen. Dort spielten wir mit unseren Cousins und Cousinen.

Gleich düsen wir über die Pisten.

4. bis 6. Lebensjahr

Wir wandern bei jedem Wetter …

Einige unserer Verwandten hatten Pensionen und so freundeten wir uns mit Gästen aus Holland, Deutschland und anderen Ländern an, die gern nach Österreich auf Urlaub kamen. Wenn wir am Land wohnten, machten wir Ausflüge in die Stadt, vor allem in die Donaumetropole Wien und sahen uns die beeindruckenden Sehenswürdigkeiten an. Besonders gern gingen wir in den Zoo. Und wohl jeder von uns besuchte zumindest einmal Minimundus, die kleine Welt am Wörthersee in Kärnten.

Italien blieb noch lange eines unserer beliebtesten Reiseziele. Natürlich fuhren wir meist mit dem Auto. Lange Staus in unklimatisierten Fahrzeugen an den Grenzen gehörten zu den Ferien dazu wie ein Sonnenbrand und konnten unsere gute Urlaubslaune nicht trüben. Uns erwarteten Sonne, Sand und Meer, Sandburgenbauen, unendliche Reihen an Sonnenschirmen und Sonnenliegen, „Gelati" in den verschiedensten Geschmacksrich-

tungen, Pasta und Pizza – was wollten wir mehr?

Andere von uns fuhren an die Adriastrände des damaligen Jugoslawiens, wo es landschaftlich ebenfalls wunderschön war, es aber nicht den weichen feinen Sand wie in Italien gab. Damit wir unsere Fußsohlen

… und planschen immer gern im Wasser.

nicht an den scharfen Steinen zerschnitten, trugen wir zum Schwimmen bunte Plastikschuhe, die uns manchmal mehr Auftrieb gaben, als wir wollten. Wir spielten den lieben langen Tag am Meer und bauten kleine „Aquarien" in den Felslöchern, in die wir Fische, Muscheln, Seesterne und Pflanzen gaben. Oft bezogen wir Selbstversorger-Apartments und unsere Mütter hatten jede Menge Dosennahrung und Packerlsuppen im Gepäck. Im Winter freuten wir uns, wenn wir zum Skifahren in die Berge fuhren.

Ferien am Meer.

Ausgezeichnet

Die heimische Filmproduktion erfuhr mit dem Neuen Österreichischen Film in den 80er-Jahren einen Aufschwung. Regisseur Niki List lieferte mit „Malaria" eine ungewöhnliche Komödie, die 1983 mit dem Max-Ophüls-Preis ausgezeichnet wurde. Der Film handelte von den damaligen Jugendkulturen und bestach durch seine bizarre Kameraführung, hohe Farbqualität und seinen schrägen Humor. 1981 startete Peter Patzak mit dem Film „Den Tüchtigen gehört die Welt" die geniale Filmreihe rund um den Wiener Kriminalkommissar Kottan, der ab 1984 als Serie „Kottan ermittelt" vom ORF ausgestrahlt wurde und Kultstatus erreichte.

Der von István Szabó inszenierte Film „Mephisto" mit Klaus Maria Brandauer in der Hauptrolle errang einen Auslandsoscar. 1981 brachte Franz Antel „Der Bockerer" in die österreichischen Kinos, der bei den Filmfestspielen von Moskau mit dem Schauspielerpreis für Hauptdarsteller Karl Merkatz ausgezeichnet wurde. Xaver Schwarzenberger erhielt 1983 den Silbernen Bären und im Jahr darauf den Deutschen Kamerapreis für seine Romanverfilmung „Der stille Ozean".

1984 - 1987

Fürs Leben lernen wir

Unsere Volksschulkollegen.

Die Schule beginnt

Welch Aufregung! Nun begann auch für uns die Schulzeit. Die meisten von uns konnten kaum erwarten, dass es losging. Am Einschulungstag trugen wir unser schönstes Gewand und die neue Scout- oder Amigo-Schultasche, auf die wir so stolz waren, ebenso wie auf unser Federpennal mit den vielen bunten Stiften. Die meisten von uns hielten riesige Schultüten im Arm und posierten damit stolz fürs Erinnerungsfoto. Einige von uns hatten keine bekommen, weil ihre Eltern meinten, dass da „nur süßes Klumpert" drinnen wäre.

Chronik

21. Oktober 1984
In Vorarlberg erzielen Die Grünen bei ihrem ersten Antreten 13 Prozent und schaffen damit den Einzug in die Regierung.

21. Oktober 1984
Niki Lauda wird zum dritten Mal Formel-1-Weltmeister.

8. Dezember 1984
Kraftwerksgegner besetzen die Hainburger Au. Es kommt zu heftigen Auseinandersetzungen mit der Polizei und zur gewaltsamen Räumung zum Jahresende 1984.

11. März 1985
Michail S. Gorbatschow wird neuer Kremlchef. Mit seiner Reformpolitik – Perestroika – setzt er einen grundlegenden Wandel in Politik, Wirtschaft und Gesellschaft in Gang.

23. April 1985
Der Glykolwein-Skandal wird aufgedeckt und hat zur Folge, dass Österreich heute eines der schärfsten Weingesetze der Welt hat.

28. Januar 1986
Die US-Raumfähre Challenger explodiert kurz nach ihrem Start, alle sieben Astronauten sterben.

26. April 1986
Im Atomreaktor im russischen Tschernobyl kommt es zur bisher größten Katastrophe in der Geschichte der friedlichen Nutzung von Atomenergie. Österreich zählt zu den am schwersten betroffenen Gebieten Westeuropas.

8. Juni 1986
Kurt Waldheim kann trotz seiner umstrittenen Kriegsvergangenheit die Stichwahl zum Bundespräsidenten für sich entscheiden.

22. April 1987
Das größte Konferenzzentrum (Austria Center Vienna) Österreichs wird eröffnet.

12. November 1987
Die schönste Frau der Welt kommt aus Österreich: Die 20-jährige Steirerin Ulla Weigersdorfer gewinnt in London die Miss-World-Wahl.

Wenn wir in der Stadt in die Schule gingen, dann blickten uns in unserer Klasse viele unbekannte Gesichter entgegen. Ob wir wohl bald Freunde finden würden? Am Land war das anders, da kannten wir die meisten unserer Schulkollegen schon von anderen Gelegenheiten wie Brauchtumsfesten oder vom gemeinsamen Spielen. Wir versuchten, einen freien Platz neben unseren Freunden zu bekommen. Sicher war sicher.

Einige von uns waren skeptisch und hatten sich vor dem ersten Schultag gefürchtet. Vor allem, wenn unsere einzige Vorstellung auf einem Film basierte, in dem sich die Schule in einer Holzhütte befand und den Kindern vom Lehrer regelmäßig mit einem Stab auf die Finger geschlagen wurde. Aber unsere Sorgen waren unbegründet. Die „Frau Lehrerin" oder manchmal sogar der Herr Direktor hießen uns herzlich willkommen und machten uns mit den wichtigsten Infos vertraut. Ehe wir uns versahen, war der erste Schultag zu Ende.

Der erste Schultag.

7. bis 10. Lebensjahr

Wir konnten es nicht erwarten, endlich Lesen und Schreiben zu lernen. Da wir die Bücher gratis bekamen und sie nicht nach Ablauf des Schuljahrs weiterverkaufen mussten, durften wir nach Herzenslust in unserem „Lesehaus" schreiben und malen. Dennoch ermahnten uns unsere Mütter, auf die Bücher aufzupassen und hüllten sie vorsichtshalber mit einer durchsichtigen Folie ein.

Wenn wir in einer Stadt wohnten, war unser Schulweg meist kurz. Manchmal mussten wir gerade einmal eine Gasse entlangspazieren und schon waren wir da. Zunächst wurden wir noch begleitet, aber bald durften wir allein gehen. Viele von uns bekamen zu Schulbeginn einen eigenen Wohnungsschlüssel, worauf wir sehr stolz waren. Wenn wir am Land wohnten, wo die Entfernungen von unserem Zuhause bis zur Schule meist weiter waren, fuhren wir mit dem Schulbus oder wir saßen hinten auf Mutters Rad. Oder wir trafen uns mit Freunden und gingen die paar Kilometer gemeinsam zur Schule.

Kringel, Handpuppen und Schmalzbrote

Natürlich faszinierte uns zunächst einmal alles, was in der Schule so vor sich ging. Wir malten Kringel, Kreise und Striche in unsere Hefte, lernten mit Mimi, Ami und Mia lesen und freuten uns über den Besuch der kleinen Handpuppe, die im mannshohen, aufklappbaren „Setzkasten" unserer Frau Lehrerin wohnte, in dem sie alle Buchstaben aufbewahrte. Grundsätzlich war unsere Frau Lehrerin nett und gerecht. Zum Dank erhielt sie von uns zu Weihnachten oder zum Schulschluss immer Geschenke wie zum Beispiel etwas selbst Gebasteltes oder ein Kilo Kaffee.

So macht uns Schule besonders viel Spaß: Verkleidet …

… oder wenn wir einen Dschungel an die Wand malen dürfen.

Im Turnunterricht konnten wir uns bei vielen Spielen, die wir schon aus der Freizeit kannten, austoben: „Wer fürchtet sich vorm schwarzen Mann?" oder „Völkerball" spielten wir besonders gern. Weniger begeisterten wir uns für Gymnastik oder Geräteturnen.

In der Pause entdeckten wir die ersten Unterschiede. Diejenigen von uns, die mehr Taschengeld hatten, konnten sich beim Bäcker frische Weckerl kaufen, während wir anderen lustlos an unseren Schmalz- oder Butterbroten kauten. Nach und nach fanden wir immer mehr Freunde, mit denen wir uns in den Pausen trafen, spielten oder Paninisammelalbumsticker tauschten. Einige von uns hatten ein „Stammbuch" bekommen. Das gaben wir allen, die wir mochten und die schrieben, zeichneten und klebten dann alles Mögliche zur ewigen Erinnerung an unsere Freundschaft hinein. Und wir machten es umgekehrt genauso.

Auch in der Schule feierten wir gemeinsam Feste. Vor allem die Faschingsfeiern waren ein Spaß. Wir Mädchen verkleideten uns als Prinzessinnen, Zigeunerinnen, Feen und Kätzchen, bei uns Jungen waren Kostüme von Cowboys, Indianern und Piraten angesagt. Diese Faschingskostüme konnten wir dann auch am Faschingsdienstag anziehen, wenn in vielen Ortschaften Umzüge stattfanden. Im Juni feierten wir im Schulhof ein großes Sommerfest mit vielen Spielestationen und hopsten mit dem Balancegerät „Moonhopper" herum.

Beim Schulfest balancieren wir auf dem Moonhopper.

7. bis 10. Lebensjahr

Die grüne Welle

Saurer Regen, Waldsterben und Umweltschutz generell waren ab Anfang der 80er-Jahre die großen Themen. Am 7. Mai 1984 fand die „Pressekonferenz der Tiere statt", zu der sich namhafte Publizisten, Künstler, Ökologen und Umweltaktivisten wie Günther Nenning als „Auhirsch", Bernd Lötsch, Peter Turrini und Freda Meissner-Blau teilweise kostümiert einfanden, um gegen die Pläne zur Errichtung eines Kraftwerks bei Hainburg zu protestieren. Im Oktober 1984 trat die politische Partei „Die Grünen" in Vorarlberg zum ersten Mal bei Wahlen an und schaffte mit 13 Prozent den Einzug in die Regierung. In der Vorweihnachtszeit besetzten Kraftwerksgegner die Hainburger Au. Zunächst kam es zu heftigen Auseinandersetzungen mit der Polizei und zur gewaltsamen Räumung, doch die Grünen setzten sich durch, das Kraftwerk wurde nicht gebaut.

Rockstar-Barbie und Spiel des Lebens

Wenn wir Glück hatten, bekamen wir wenig Hausaufgaben. Dann blieb uns genug Zeit zum Spielen und Herumtoben. Wir Mädchen mochten Federball, Gummihüpfen und Tanzen. Und natürlich spielten wir mit Vorliebe mit den langbeinigen, schlanken Barbies mit den wunderschönen Kleidern, passenden Schuhen und Accessoires. Wir ließen die „Rockstar-Barbie" mit dem dauergewellten Haar auf dem Barbie-Pferd mit der bodenlangen Mähne reiten oder mit dem neuen Barbie-Motorrad, das wir zu Weihnachten geschenkt bekommen hatten, eine Runde drehen. Ebenfalls sehr

Zuerst die Arbeit, dann das Vergnügen.

beliebt bei uns Mädchen waren Bübchen und Liebchen aus der Familie „Knuffelbunt", die beim Schütteln quieckten, oder kleine bemalte Holzpüppchen, die sogenannten „Flöhe", von denen wir jede Menge an unserer Kleidung, unseren Haarzöpfen und Taschen befestigten.

Wir Burschen bauten lieber Baumhäuser, Staudämme, Seilbahnen, schossen mit Pfeil und Bogen, spielten Fußball, Basketball und Tischtennis, lieferten uns Wettkämpfe aller

Zeit zum Spielen.

Art oder drehten mit dem neuen BMX-Rad unsere Runden. Wenn wir drinnen sein mussten, jagten wir die Boliden über unsere Carrera-Autobahn.

Gern spielten wir „Memory", legten Puzzles oder widmeten uns dem Brettspiel „Spiel des Lebens", das uns wegen seiner vielen Kärtchen, Häuser und Hecken besonders gefiel. Wir drehten am Glücksrad und fuhren in den kleinen bunten Autos vom Schulabschluss bis zur Pension. Je nachdem, wie wir uns in Bezug auf unsere Karriere, Familie und Finanzierungen entschieden, gelang es uns, mehr oder weniger viel Geld anzuhäufen.

Do re mi fa so la si do

Musikalische Früherziehung war angesagt. Viele von uns lernten ein Instrument. Einige von uns besuchten neben der Volksschule auch eine Musikschule. Dort übten wir Flöte-, Xylofon- oder Klavierspielen oder versuchten, beim Singen die richtigen Töne zu treffen. Ein- oder zweimal im Jahr gab es einen großen Auftritt, bei dem wir unserem Publikum, das sich vorwiegend aus unseren Eltern, Verwandten und Freunden zusammensetzte, stolz unsere erworbenen musikalischen Fähigkeiten präsentierten. Der Applaus war uns sicher, auch wenn sich damals bereits abzeichnete, dass keine große Musikerkarriere vor uns lag.

Unermüdlich üben wir Flötespielen.

Der Leib Christi

Während der zweiten Volksschulklasse begann der Vorbereitungsunterricht für die Erstkommunion. Nicht alle von uns hatten Freude daran. Vor allem wenn unsere „Tischmutter" uns immer nur Gebete runterrattern ließ und es ihr nicht gelang, uns den Sinn der Erstkommunion zu vermitteln. Dann empfanden wir die Zeit weniger als Erbauung, als vielmehr als zusätzliches Lernen in der Freizeit. Aber da mussten wir durch, ob es uns nun gefiel oder nicht. An mehreren Nachmittagen hatten wir diese Termine und am Sonntag hieß es für uns, brav in die Kirche gehen, damit der Pfarrer und unsere Tischmütter wohlwollend zur Kenntnis nehmen konnten, dass wir dem Gottesdienst beiwohnten und laut mitsangen. Das Beichten löste bei uns jedes Mal ein ungutes Gefühl aus. Nicht, weil wir uns unserer Untaten schämten, sondern ganz im Gegenteil: Trotz krampfhaften Überlegens wollte uns partout nichts einfallen, was wir dem Pfarrer beichten sollten. Schließlich sagten wir, dass wir schlimm gewesen waren. Das passte immer und wir hatten die Beichte überstanden. Dann war der große Tag da. Wir Mädchen trugen schöne weiße Kleider oder Trachten und dazu passenden Haarschmuck. Nicht immer bekamen wir

Feierliche Erstkommunion.

ein neues Kommunionskleid. Manchmal mussten wir mit einem gebrauchten vorliebnehmen. Denn anders als bei den Burschen, die ihre schönen Anzüge noch oft anziehen konnten, diente unser Kleid nur für diesen einen Tag. Wir standen in Reih und Glied in den ersten Reihen, hielten unsere Taufkerzen und schließlich bekamen wir zum ersten Mal den „Leib Christi" in Form einer Hostie. Wunder geschah keines und wir fühlten uns auch nicht erleuchtet. Aber wir genossen den Rummel um unsere Person, posierten allein oder gemeinsam mit unseren Freunden und Familien für Erinnerungsfotos oder -filme. Anschließend lud unser Vater die Verwandtschaft ins Gasthaus ein und für jene von uns, die in und um die österreichische Donaumetropole lebten, ging es am Nachmittag in den Wiener Wurstelprater.

Posieren fürs Erinnerungsfoto.

Gepanschte Weine

Im Sommer 1985 erschütterte der Glykolwein-Skandal Österreichs Weinwirtschaft. Einige Winzer hatten Rebensäfte geringer Qualität mit Diaetylenglykol, einem süßen, öligen Alkohol, der vor allem in Frostschutzmitteln vorkam, „aufgewertet". Der Imageschaden war enorm, der Weinexport kam quasi zum Erliegen. Millionen Flaschen österreichischen Weins wurden in vielen Ländern vom Markt genommen. Viele kleine, unbeteiligte Winzer mussten aufgrund der wirtschaftlichen Schwierigkeiten Konkurs anmelden. Österreich erhielt 1985 das damals strengste Weingesetz Europas. Dieses wurde zur Grundlage für die positive Entwicklung des österreichischen Qualitätsweinbaus, dank dem der Imageschaden in Vergessenheit geriet und ab Ende der 80er-Jahre erneut zu Rekordwerten beim Export österreichischer Weine führte.

7. bis 10. Lebensjahr

Abenteuer im Kopf

Viele von uns waren Leseratten. Sehr beliebt waren „Lederstrumpf", „Als die Tiere den Wald verließen", „Das Kindernest" oder Drachen-, Geister- und andere Abenteuergeschichten. Und natürlich waren da die vielen Kinderbücher der österreichischen Autorin Christine Nöstlinger oder die spannenden Geschichten rund um die „Fünf Freunde" oder „Hanni und Nanni" von Enid Blyton. Astrid Lindgren, Michael Ende, Karl May und viele andere Autoren nahmen uns in ihre Fantasiewelten mit. Zu Weihnachten und zum Geburtstag erhielten wir meist neue Bücher, die wir im Handumdrehen ausgelesen hatten. Da das ins Geld ging, mussten wir uns manchmal etwas einfallen lassen, um neuen Lesestoff zu bekommen. Wir tauschten mit Freunden, liehen die Bücher in einer städtischen Bücherei oder verkauften unsere alten auf Flohmärkten, um uns am Nebenstand mit neuer Lektüre einzudecken. Natürlich griffen wir auch alle gern zu Comics wie Mickey Mouse und Fix & Foxi oder Magazinen wie YPS mit den coolen Experimenten zum Nachmachen.

Nach manchen Büchern wurden später Filme gedreht, die wir uns im Kino ansahen. Da war zum einen „Die unendliche Geschichte" – großes Kino und viele Tränen, als das Pferd von Atrèju im Moor versank. So mancher von uns wollte nach Ende des Films nicht mehr aus dem Kino gehen. In Michael Endes Filmklassiker mit dem etwas sperrigen Untertitel „Die seltsame Geschichte von den Zeit-Dieben und von dem Kind, das den Menschen die gestohlene Zeit zurückbrachte" bezauberte uns 1986 Radost Bokel als die kleine Momo. Der Kampf des kleinen Mädchens gegen die grauen Herren brachte der damals Elfjährigen sogar einen Bambi ein. Gern sahen wir uns auch Zeichentrickfilme an wie „Das Dschungelbuch", „Asterix" oder Märchenfilme.

Sportliche Bestleistungen

Die Sportlichen unter uns entdeckten so nach und nach verschiedene Aktivitäten für sich. Besonders beliebt waren Wintersportarten wie Langlaufen, Skifahren und Eislaufen. So manch einer von uns schaffte es bei den verschiedenen Wettbewerben sogar auf die ersten Plätze. Im Winter spielte sich das Leben rund um Schlepplifte und Eislaufplätze ab. Im Sommer trafen wir uns mit Freundinnen und Freunden im Bad oder am See. Viele von uns machten das Schwimmerabzeichen und durften dann an Wettbewerben teilnehmen.

Wandern im Winterwald.

Und der erste Platz geht an …

Wir Sternsinger

Einige von uns waren im Kirchenchor, in der Jungschar, bei den Pfadfindern oder bei den Roten Falken aktiv. Wir zogen jedes Jahr mit den Sternsingern von Haus zu Haus und bis etwa zwölf Jahre durften auch wir Mädchen als Ministrantinnen gehen. Im Sommer fuhren wir auf Ferienlager mit, wo wir tagsüber jede Menge sportliche Wettkämpfe ausfochten. Abends versammelten wir uns am Lagerfeuer, grillten Würstel und sangen Lieder zu Gitarrenmusik.

Im Sommer fahren wir auf Jungschar-Lager, …

… im Winter ziehen wir als Sternsinger von Haus zu Haus.

Abenteuer aus der Flimmerkiste

Solange wir klein waren, durften die meisten von uns jeden Mittwoch um 17 Uhr den Kasperl ansehen und das fünfminütige „Betthupferl" um 17.55 Uhr war der krönende Abschluss unseres Tages. Für viele zählten die „Barbapapas" zu den absoluten Lieblingssendungen. Im Radio wurde eine Stunde später die Gutenachtsendung „Das Traummännlein kommt" ausgestrahlt, danach mussten wir schlafen gehen.

Alf finden wir super.

Nun, da wir bereits in die Volksschule gingen, durften wir – sofern wir unsere Hausaufgaben ordentlich gemacht hatten und auch sonst „brav" gewesen waren – am Nachmittag die eine oder andere Kindersendung ansehen. Da es damals nur zwei Fernsehsender gab – FS 1 und FS 2 – und die meisten unserer Eltern noch keinen Videorekorder besaßen, mussten wir unsere Freizeit entsprechend den Sendezeiten einteilen. Am liebsten sahen wir die „Schlümpfe", „Tom & Jerry", die Abenteuer von „Biene Maja", „Heidi", „Wickie und die starken Männer", „Pinocchio", „Tao Tao", „Hallo Spencer" oder „Die Fraggels". Andere Serien, die uns vor die Flimmerkiste bannten, waren „Puschel das Eichhörnchen", „Nils Holgersson", „Perrine" und natürlich die Streiche des „Rosaroten Panther" sowie des außerirdischen „Alf".

Tschernobyl

Am 26. April 1986 kam es im Kernkraftwerk Tschernobyl nahe der ukrainischen Stadt Prypjat zur Kernschmelze und zur Explosion eines Reaktors. Die „Katastrophe von Tschernobyl" gilt als größter Nuklearunfall in der Geschichte der Kernenergie-Nutzung. Die Region ist bis heute unbewohnbar, viele Menschen starben an den Folgen der Strahlung. Der radioaktive Staub verbreitete sich in ganz Europa, wobei Österreich zu den am stärksten betroffenen Ländern zählte. Zum Schutz der Bevölkerung wurden strenge Kontrollen im Nahrungsmittelbereich durchgeführt, vom Genuss von Grüngemüse, Schaf- und Ziegenmilch, Pilzen, Zisternenwasser u. v. m. abgeraten sowie Importverbote für Nahrungsmittel aus hochbelasteten Ländern verhängt. Für uns war die „Katastrophe von Tschernobyl" ein beunruhigendes Ereignis. Wir durften eine Zeit lang nicht im Freien spielen, keine Pilze sammeln, Obst und Gemüse nur essen, wenn wir es gut gewaschen hatten. Unsere Eltern bunkerten zuhause seltsame Jodtabletten für den Ernstfall, die wir dann aber zum Glück nicht brauchten.

1988 - 1991

Es geht voran

Gymnasium oder Hauptschule

Den letzten Schultag der vierten Volksschulklasse erlebten wir mit gemischten Gefühlen. Zum einen freuten wir uns, dass wir die Volksschule gut hinter uns gebracht hatten, zum anderen waren wir traurig, weil wir wussten, dass wir künftig viele unserer Freunde nicht mehr regelmäßig sehen bzw. sie vielleicht sogar komplett aus den Augen verlieren würden. Adressen wurden ausgetauscht und wir versprachen einander, uns in unserer Freizeit so oft wie möglich zu treffen und gemeinsam etwas zu unternehmen. Wenn wir in der

Hauptstadt wohnten, wurde uns in den Ferien ein breites Spiel- und Kulturprogramm im Rahmen des „Wiener Ferienspiels" geboten und wir freuten uns, wenn der dicke „Holli Knolli" dämlich winkte.

Unsere neuen Klassenkameraden.

Chronik

13. bis 28. Februar 1988
Bei der XV. Winterolympiade im kanadischen Calgary erzielen die österreichischen Sportler mit zehn Medaillen das beste Ergebnis seit 20 Jahren: dreimal Gold, viermal Silber und zweimal Bronze.

7. April 1989
Vier Hilfsschwestern des Wiener Krankenhauses Lainz werden verhaftet. Mindestens 40 Patienten wurden von ihnen innerhalb von fünf Jahren getötet.

2. Mai 1989
Ungarn beginnt mit dem Abbau der als „Eiserner Vorhang" bekannten Sperranlagen an der Grenze zu Österreich.

17. Juli 1989
Österreich beantragt die Aufnahme in die Europäische Gemeinschaft.

9. November 1989
Nach 28 Jahren fällt die Berliner Mauer, die die DDR von der Bundesrepublik Deutschland und dem Westen getrennt hat.

14. März 1990
Michail Gorbatschow wird zum Präsidenten der UdSSR gewählt. Er leitet das Ende des Kalten Krieges ein und erhält 1990 den Friedensnobelpreis.

25. März 1990
Nach mehr als 40 Jahren finden in Ungarn die ersten demokratischen Wahlen statt.

26. Mai 1991
Aufgrund eines Softwarefehlers kommt es über dem thailändischen Phu Toei zur größten Katastrophe der österreichischen Luftfahrt, bei der 223 Menschen durch den Absturz einer Maschine der Lauda Air sterben.

6. August 1991
Der britische Physiker und Informatiker Tim Berners-Lee stellt das Projekt World Wide Web als Hypertext-Dienst im Internet vor.

24. November 1991
Freddie Mercury, einer der bedeutendsten Rocksänger der 70er und 80er, stirbt an Aids.

Dann, gegen Ende der Ferien, sahen wir unserem neuen Lebensabschnitt schon mit wachsender Spannung entgegen. Einige von uns hatten dank guter Noten und der finanziellen Möglichkeiten der Eltern den Sprung aufs Gymnasium geschafft. In den Städten war das einfacher, weil es hier mehr Möglichkeiten gab. Für uns vom Land war es schwieriger: Entweder wir mussten längere Anfahrten in Kauf nehmen oder ein Internat besuchen, für das unsere Eltern Schulgeld bezahlen mussten.

Abwechslung in den Schulalltag bringen Skikurse ...

Wir anderen gingen auf eine Hauptschule. Vor allem wenn wir wussten, dass wir unsere Nasen nicht jahrelang in Lehrbücher stecken, sondern lieber eine Lehre machen wollten, um so rasch wie möglich unser eigenes Geld zu verdienen. Die Hauptschule war in einen ersten und zweiten Klassenzug geteilt und in welchen wir kamen, war von unserem Volksschulabschlusszeugnis abhängig.

… und Schulprojekte.

Neu war für uns vor allem, dass wir von nun an für fast jedes Fach einen eigenen Lehrer hatten. Auf der Hauptschule genauso wie am Gymnasium lernten wir rasch, dass jeder Lehrer sein Fach für das wichtigste hielt und von uns erwartete, dass wir das ebenso sahen und entsprechende Leistungen erbrachten. Schafften wir das nicht, hagelte es „Nicht genügend". Immer öfter kam es vor, dass wir bis spätabends über unseren Aufgaben sitzen und den Lehrstoff pauken mussten. Im Gymnasium stand Lateinunterricht auf dem Programm und etwas ganz Neues: Wir bekamen IT-Unterricht – an riesigen Computern. IT war damals eine vollkommen undurchsichtige Sache – langweilige DOS-Programmierungen mit grüner Schrift auf schwarzem Hintergrund wurden da gelehrt. Das wenig aufschlussreiche Ergebnis unseres „Getippses" wurde vom Drucker auf seitlich gelochtem Endlospapier ausgespuckt.

In den meisten unserer Klassen saßen Mädchen und Jungen gemischt. Nur im Turn- und Werkunterricht wurden wir getrennt: Wir Mädchen mussten nähen und stricken, wir Burschen durften hämmern und basteln. Anders war und blieb das in Ordensschulen mit Internatsanschluss. Hier wurden Mädchen und Jungen weiterhin getrennt unterrichtet. Sport war in. Wir lernten Judo, spielten Volleyball, Fußball, Tennis oder gingen reiten. Das Highlight während des Schuljahrs waren daher für viele von uns der Skikurs.

Es lockt die Ferne

Egal ob wir in die Hauptschule oder aufs Gymnasium gingen – unsere Freizeit war knapp geworden. Noch mehr Grund, die wertvolle Zeit unterm Jahr sowie die Schulferien mit Freundinnen und Freunden zu verbringen, aktiv an Bräuchen und dem gesellschaftlichen Leben teilzunehmen oder zu verreisen. Wenn es sich unsere Eltern leisten konnten, dann stand – meist zu

Manche sind im Alpenverein aktiv

Wir lieben das Klettern.

London ist immer eine Reise wert.

Ostern – ein Städtetrip auf unserem Reiseprogramm. Schließlich wollten uns unsere Eltern so viel wie möglich von Österreich zeigen, das so viel Schönes zu bieten hatte, oder wir erforschten eine der vielen europäischen Städte wie Rom, Venedig oder Berlin. Das war zwar sehr interessant, aber manchmal auch ganz schön anstrengend. Nicht zu vergleichen mit unseren Sommerurlauben am Meer.

Im Winter ließen wir keine Gelegenheit aus Ski zu fahren. Chip- bzw. Magnetkarten gab es noch nicht, sondern Skikarten aus Papier, bei denen bei jeder Fahrt mit einem Locher ein Punkt weggestanzt wurde. Die besonders Sportlichen unter uns gingen nach Liftschluss nochmals zu Fuß den Berg hinauf. Irgendwann begannen einige unserer Eltern, in den Weihnachtsferien ins Warme zu fliegen, um dem Trubel, der zuhause herrschte, zu entkommen. Dann feierten wir den Heiligen Abend auf Gran Canaria oder flogen sogar nach Kalifornien oder Florida.

Ganz schön anstrengend ...

... so eine Stadtbesichtigung.

Weihnachtszauber

Auch wenn wir bereits groß waren und schon lange nicht mehr ans Christkind glaubten, freuten wir uns auf Weihnachten. Egal, wo wir die Feiertage verbrachten. Wir waren jedes Jahr neugierig, was wir unter dem Weihnachtsbaum finden würden. Eines der schönsten Geschenke, die wir erhielten, war eine große Eisenbahnlandschaft, die unser Vater in mühevoller Detailarbeit auf einer großen Holzplatte aufgebaut hat-

Für Weihnachtsgeschenke sind wir nie zu groß.

te. Die vielen Häuser hatten sogar eine Innenbeleuchtung. Der größte Dank für unseren Vater war wohl, dass wir Stunden damit zubrachten und wir sie noch immer zerlegt in Kartons am Dachboden stehen haben. Die elektrische Eisenbahn blieb einer unserer Favoriten, weil man ihre Schienen unter Tischen und Stühlen aufbauen und in den Waggons kleine Gegenstände transportieren konnte. Gesellschaftsspiele wie „DKT – Das Kaufmännische Talent" oder „Mensch ärgere dich nicht" waren bei uns allen weiterhin beliebt. Wir Jungen ließen auch gern unsere Matchbox-Flitzer mit Aufzieh-Motor über die gelbe Rennbahn fliegen oder wir bastelten an unseren Fliegern.

Dirty Dancing mit dem Wolf

Manchen von uns wurde von den Eltern verboten, den Film „Dirty Dancing" im Fernsehen anzusehen. Doch einige unserer Freundinnen hatten den Film auf Video aufgenommen und so sahen wir ihn uns heimlich an. Auch Stephen Kings „ES" durften viele von uns nicht ansehen. Also schauten wir den Film ebenfalls bei einer Schulkameradin – und haben es bitter bereut. „Der mit dem Wolf tanzt" oder „La Boum – Die Fete – Eltern unerwünscht" waren für manche von uns die ersten Filme, bei denen wir mit unserem Schwarm ins Kino gingen. Uns Burschen gefiel vor allem die „Police Academy"-Filmreihe, die wir gar nicht oft genug sehen konnten, ebenso wie die „Nackte Kanone". Vor allem, wenn wir eher lustige Filme bevorzugten und uns Horror- oder Zombiefilme nicht reizten.

Magnum bekämpft das Unrecht.

Spannung
aus der Flimmerkiste

Je älter wir wurden, umso größer wurde das Fernsehprogrammangebot für uns. Ab 18.30 Uhr lief zum Beispiel die Vorabendserie „Knight Rider", in der wir mit David Hasselhoff und seinem sprechenden und denkenden schwarzen Auto „Kitt" mitfieberten. Oder wir ließen uns vom Erfindungsreichtum und den Improvisationskünsten von Angus MacGyver (Richard Dean Anderson) in der Serie „MacGyver" im Kampf gegen das Böse immer wieder aufs Neue überraschen. Auch „A-Team", „Airwolf", „Mord ist ihr Hobby", „Raumschiff Enterprise" mit Captain Kirk oder die „Star Trek"-Nachfolger zählten zu unseren Favoriten. Später fuhren wir in der Serie „Magnum" mit Thomas Magnum (Tom Selleck) in seinem Ferrari quer durch Hawaii und bekämpften mit ihm das Unrecht. Die US-Kultserie „Miami Vice" durften nicht alle von uns ansehen. Je nachdem, wie streng unsere Eltern waren und wie lange wir fernsehen durften. Wenn doch, dann hielten wir bei den Ermittlungen von James „Sonny" Crockett (Don Johnson) und Ricardo Tubbs (Edward James Omos), die einen Hang zu pastellfarbenen Sakkos, Ray-Ban-Sonnenbrillen und italienischen Sportwagen hatten, den Atem an. Waren wir einmal krank, dann durften wir auch mal am Vormittag in die Flimmerkiste schauen. Da gab es den lustigen Russischunterricht mit einer großen, schwarzhaarigen Russin und ihren Schülern. Die schrieben mit gelber Kreide auf eine knallgrüne Tafel. Oder wir sahen uns den Englischunterricht mit dem komödiantischen Briten an, der immer auf Reisen war. In den Sommerferien durften wir auch tolle Sommerserien sehen wie „Patrik Pacard", „Anna die Ballett-Tanzerin" oder „Oliver Maass", der beim Geigespielen in die Zukunft sehen konnte. Ein praktisches Medium war natürlich auch der Videorekorder, den unser Vater vor Kurzem gekauft hatte, und der sein ganzer Stolz war. Schließlich hatte er ein kleines Vermögen gekostet. Damit konnten wir, während wir mit unseren Freunden unterwegs waren, unsere Lieblings-TV-Sendungen aufnehmen und sie dann zu einem passenden Zeitpunkt ansehen.

Auf ein Getränk mit Thomas Spitzer von der Ersten Allgemeinen Verunsicherung.

Hitparadenstürmer

Die Hitparade am Sonntagabend mit Udo Huber war für uns eine Pflichtsendung, um mitreden zu können. Wir hörten „Thriller" von Michael Jackson, Madonnas „Like a Prayer", die Filmmusik zu La Boum, oder die Songs von Milli Vanilli (oder zumindest dachten wir das damals), Elton John und Queen. Wir spielten die Ö3-Hitpanorama-aufnahmen solange mit unserem Walkman ab, bis sich das Kassettenband verwurschtelte. Da Kassetten sehr teuer waren, reparierten wir sie mit Tixo oder schnitten sie neu zusammen. Eine österreichische Band eroberte unsere Herzen im Sturm: Die EAV, Erste Allgemeine Verunsicherung, hatte in unserem Geburtsjahr ihre erste Platte „Allgemeine Verunsicherung" herausgebracht. 1985 gelang der EAV der Durchbruch im gesamten deutschsprachigen Raum mit dem Album „Geld oder Leben!". Viele von uns sparten ihr Taschengeld, um nach und nach alle Schallplatten der Comic-Rock-Band zu kaufen. Ein bisschen länger mussten wir auf unsere erste CD sparen, wie z. B. auf das Guns'n Roses-Album „Appetite for Destruction" mit dem Hit „Welcome to the Jungle".

Partystimmung

Mit jedem Jahr wurde das andere Geschlecht für uns attraktiver und wir selbst unsicherer. Wir Burschen wussten nicht, wie wir mit diesen zunehmend veränderten weiblichen Wesen, die bisher unsere Kumpels waren, umgehen sollten und verbrachten die Zeit lieber unteresgleichen. Wir Mädchen himmelten ältere Jungs an. Wir waren in der Pubertät und plötzlich war vieles anders und das war sehr verwirrend. Unsere Gedanken kreisten

In der Schule sind wir gemischt.

In der Freizeit bleiben wir gern unter uns: Wir coolen Burschen …

nun vor allem darum, wie man mit seinem Schwarm ins Gespräch kommen könnte. Die meisten von uns waren im Biologie-Unterricht aufgeklärt worden. Unsere Eltern waren diesbezüglich nicht immer die geeigneten Ansprechpersonen und anstatt uns konkrete Antworten zu geben, wichen sie gern unseren peinlichen Fragen aus. Aber wir zogen es ohnehin vor, das Thema Sexualität mit unseren besten Freundinnen und Freunden zu bereden, Aufklärungsbücher wie zum Beispiel „Forever – Geschichte einer ersten Liebe" von Judy Blume zu lesen. Oder wir versuchten, das erste Sexheft zu kaufen. Dazu gingen wir zu dritt, immer abwechselnd und möglichst unauffällig in die Trafik, keiner traute sich, es zu kaufen, bis die Verkäuferin, eine ältere Dame, zu uns meinte: „Na, wollt's es ned endlich kaufen?" Die Beiträge von Doktor Sommer im Jugendmagazin Bravo rezitierten wir hingegen zur allgemeinen Erheiterung im Bus. Oder wir schmuggelten uns in einschlägige Kinos und sahen uns Softpornofilmchen an. Der Rest war learning by doing – nach und nach sammelten wir unsere ganz persönlichen Erfahrungen. Gemeinsame Freizeitaktivitäten und sportliche Wettbewerbe boten immer eine gute Gelegenheit, um sich kennenzulernen. Mit unseren Freunden verbrachten wir den Großteil der Zeit irgendwo in der Natur oder mit Musik. Fachsimpeln über Sport oder Musik bot nämlich immer eine gute Möglichkeit, um miteinander in Kontakt zu kommen. Partys und Disconachmittage gaben uns die Gelegenheit zum Schwärmen, Flirten und Anbandeln.

... und wir fröhlichen Mädels.

Auf der Tanzfläche näherten wir uns bei Bryan Adams' „Everything I do I do it for you", „Nothing compares to you" von Sinead O'Connor" und „Stay" der Shakespeares Sister langsam an. Zu „The first time" von Robin Beck, „Listen to your heart" von Roxette, der „Unchained melody" der Righteous Brothers bekamen wir weiche Knie. Und für eine Weile vergaßen wir auf unsere Pickel, Zahnspangen und Brillen, die uns das Anbandeln so schwer machten.

Typisch österreichisch: Das Vierteltelefon

Auch wenn wir ein Telefon zuhause hatten, hieß das nicht, dass wir jederzeit telefonieren konnten. Bis in die 90er gab es Halbanschlüsse oder „Vierteltelefone", wo sich zwei oder vier Haushalte eine Telefonleitung teilten. Pech, wenn einer der Teilnehmer eine Quasselstrippe war. Am Knacken in der Leitung hörten wir, wenn die anderen Telefonteilnehmer angerufen wurden. Wurde die Leitung von einem anderen Haushalt benutzt, konnten wir nicht telefonieren. Umgekehrt erkannten wir bereits vor dem Klingeln an den Klappergeräuschen, wenn wir angerufen wurden. Um telefonieren zu können, mussten wir auf ein „Freizeichen" warten und natürlich hatten unsere Telefone noch eine Wählscheibe und eine Schnur.

Der Herr sendet uns den Heiligen Geist

Spätestens mit 14 Jahren befand uns die katholische Kirche für die Firmung mündig. Also brachten wir die Firmvorbereitung hinter uns, die mitunter ganz schön zeitaufwendig war. Wir taten alles, was für notwendig erachtet wurde, damit der Heilige Geist schließlich auf uns herabkomme. Wenngleich uns nicht alles sinnvoll erschien und uns schon gar nicht das Gefühl vermittelte, dass das Sakrament der Firmung uns den schwierigen Übergang zum Erwachsenenalter erleichtern würde. Aber wir dachten ohnehin nicht viel darüber nach, schließlich wurden unsere Freundinnen und Freunde ebenfalls gefirmt. Mehr Überlegungen erforderte da schon die Wahl des Firmpaten. Manchmal wurde unser Taufpate auch zu unserem Firmpaten. Oder Oma und Oma oder andere Verwandten übernahmen die ehrenvolle Aufgabe. Wer immer es dann war – wir hofften inständig, dass wir nicht nur Heiligenbilder geschenkt bekamen, sondern etwas, was uns so richtig gut gefiel. Und natürlich überlegten vor allem wir Mädchen wochenlang, wie wir uns an diesem Ehrentag präsentieren wollten. Das Ergebnis war nicht immer zufriedenstellend. Wir klagten über unsere furchtbaren Frisuren und Haarschnitte und taten uns schwer, etwas Schickes zum Anziehen zu finden. Das lag zum einen an der schrillen Mode der 90er-Jahre, aber auch an unserem Wachstum, das alles andere als regelmäßig erfolgte. Und so standen wir Burschen mit dem neuen lachsfarbenen Sakko mit Schulterpolstern, blauer Hose und bunter Krawatte, und wir Mädchen in einem neuen Kleid, Kostüm oder in der traditionellen Tracht eine gefühlte Ewigkeit in der Kirche und warteten darauf, dass der Bischof den lieben Gott bat, uns den Heiligen Geist zu senden. Dann malte er uns mit Chrisam ein Kreuz auf die Stirn. Nach der Feier posierten wir für Erinnerungsfotos und danach ging es mit der ganzen Familie in ein gemütliches Gasthaus oder ein schickes Restaurant.

Fein gemacht für die Firmung.

1992 - 1996

Wir werden erwachsen

Schulbank oder Lehre?

Nach der Hauptschule besuchten viele von uns den Polytechnischen Lehrgang oder wir absolvierten das neunte Schuljahr auf einer Haushaltungsschule oder einer Handelsakademie. Danach begannen wir mit unserer Lehre als Bürokaufmann, Mechaniker, Friseurin, Verkäuferin oder lernten in der Gastronomie.

Andere wechselten in eine Handelsakademie oder eine berufsbildende höhere Schule, um etwas „Vernünftiges" zu lernen, weil wir nach der Matura gleich ins Berufsleben einsteigen wollten. In der Oberstufe und in den berufsbildenden Schulen wurden wir nun meistens von den Lehrern gesiezt und fühlten uns furchtbar erwachsen. Am Land stand zumeist eine Lehre nach dem Abschluss des neunten Schuljahres auf unserem Ausbildungsprogramm, in der Stadt setzten viele von uns mit der Oberstufe des Gymnasiums fort. Waren wir mit vier Klassen in der Unterstufe gestartet, blieben in der Oberstufe nicht selten nur noch zwei Klassen übrig. Nicht zuletzt, weil nicht alle von uns Lust darauf hatten, ihren Kopf ständig in Bücher zu stecken und auch samstags und an einem oder mehreren Nachmittagen in der Schule zu hocken. Nicht zu sprechen von den Schulaufgaben. Was das anbelangte, ging es den Lehrlingen unter uns besser und sie verdienten noch dazu bereits ihr eigenes Geld. Auch wenn die meisten während ihrer Ausbildungszeit keine „Herrenjahre" hatten, konnten sie sich zumindest einiges leisten,

Chronik

7. Februar 1992
Der Vertrag über die Europäische Union wird im niederländischen Maastricht von den damaligen zwölf Mitgliedstaaten unterzeichnet.

8. Juli 1992
Thomas Klestil wird zum österreichischen Bundespräsidenten gewählt.

3. November 1992
Bill Clinton wird 42. Präsident der USA und vier Jahre später wiedergewählt.

30. April 1993
Die damalige Tennis-Weltranglistenführende Monica Seles wird durch ein Messerattentat schwer verletzt.

30. April 1994
Der österreichische Rennfahrer Roland Ratzenberger verunglückt beim Training zum Formel-1-Lauf in Imola tödlich. Tags darauf widerfährt dem dreimaligen brasilianischen Formel-1-Weltmeister Ayrton Senna dasselbe tragische Schicksal.

1. Jänner 1995
Österreich tritt als Mitglied der Europäischen Union bei.

26. März 1995
Das Schengener Abkommen, das die Einführung des freien Personen- und Warenverkehrs vorsieht, tritt in Kraft.

27. März 1996
Die Kommission der Europäischen Union verhängt ein weltweites Exportverbot für britisches Rindfleisch, da bekannt wurde, dass BSE („Rinderwahnsinn") durch den Verzehr infizierten Rindfleischs auf den Menschen übertragen werden kann.

5. Juli 1996
„Schaf Dolly", das erste geklonte Säugetier der Welt, wird geboren und löst ethische Diskussionen aus.

19. Juli – 4. August 1996
Österreich nimmt an den XXVI. Olympischen Sommerspielen in Atlanta, USA, teil.

wovon wir Schüler nur träumen konnten. Zum Beispiel schicke Kleidung, CDs oder einen Discman.

Mode und Marken

Mode war eine Frage des Geldes und manche von uns verzeihen ihren Eltern noch heute nicht, was sie damals anziehen mussten. „Wenn du Geld für Mode hast, kauf sie dir!", war eine der Aufforderungen, die wir immer wieder von ihnen hörten. Warum verstanden sie nicht, dass das, was wir trugen, besonders im Alter von 14 bis 18 Jahren enorm wichtig für unser Selbstwertgefühl und die Akzeptanz durch die anderen war? Pech für uns, wenn wir mit Klassenkameraden, die betuchte Eltern hatten, bei der Mode nicht mithalten konnten, weil wir von unseren älteren Geschwistern oder von den Kindern von Mutters Freundinnen das Gewand auftragen mussten. Was für ein Glück, wenn wir eine Tante hatten, die fortschrittlicher dachte und uns endlich die heiß ersehnte Levi's® Jeans 501 schenkte. Schuhmarken wie Doc-Martens, Palladium, Converse waren heiß begehrt. Wir kauften, sofern wir das nötige Geld hatten, bei Schöps, Benetton, Kleiderbauer oder C&A ein. Wenn wir uns das alles nicht leisten konnten, dann durchforsteten wir den Dachboden nach alten Klamotten unserer Eltern und versuchten zum Beispiel mit den alten Hemden unseres Vaters Trendsetter zu werden. Oder wir stöberten auf Flohmärkten nach ausgeflippten Klamotten und Lederjacken. Schließlich waren die 90er-Jahre, was die Mode anbelangte, eines der

Wir rebellieren: Eis im Winter und Baggy-Look.

wildesten Jahrzehnte. Individualität war angesagt und wir kombinierten alles, was ging. Extrem und schrill lautete die Devise. Wir nähten aus wild gemusterten Stoffen Hosen, die den Schritt bei den Knien hatten, trugen Leggins, Skaterhosen, dicke Steppjacken, verschiedenfarbige Schuhe, riesige Pullover in den knalligsten Farben. Besonders angesagt waren weite Kleidungsstücke in Neonfarben. Wir trugen Jeans und Sweatshirts in allen erdenklichen Farben, lang oder bauchfrei. Zerrissene Jeans waren auch total in. Nur fanden unsere Eltern es gar nicht lustig, wenn wir die guten Stücke zerschnitten und mit Schmirgelpapier löchrig machten. Einige von uns Mädchen mochten weder Kleider noch Röcke, sondern liefen lieber burschikos herum. Viele von uns durchliefen eine „Baggy-Phase", in der wir alles in Übergrößen und vorzugsweise „in Schichten" trugen. Waren Schulterpolster bis Anfang der 90er ein Muss gewesen, verschwanden sie nun von der Bildfläche und körperbetonte Mode setzte sich zunehmend durch. Die althergebrachte Schultasche war schon lange Geschichte – wer als cool gelten wollte, trug lässige Rucksäcke. 1994 eröffnete die Bekleidungskette H&M die ersten Filialen in Österreich und endlich konnten wir auch für weniger Geld trendige Kleidungsstücke ergattern. Wie auch immer: Unser Modegeschmack traf nicht immer jenen unserer Eltern, die uns viel lieber adrett angezogen gesehen hätten. Aber wenn wir Glück hatten, ließen sie uns kommentarlos gewähren.

Wir sprengen die Grenzen

Wenn es uns gelang, Geld anzusparen, konnten wir uns bereits mit 16 ein Moped oder Kleinmotorrad leisten. Vor allem für uns Jugendliche vom Land war so ein motorisiertes Gefährt die beinah einzige Möglichkeit, abends und am Wochenende irgendwohin zu kommen, wo die Post abging. Die Lehrlinge unter uns taten sich da leichter, weil

Endlich: Sweet Sixteen!

sie bereits Geld verdienten. Wir Schüler mussten in den Ferien in Betrieben oder in der Gastronomie arbeiten, anstatt am Badesee zu liegen. Am Land war es auch üblich, im Ferialjob für die Gemeinde zu arbeiten, z. B. als Unterstützung für Gärtner oder in einem der Büros. Doch es dauerte, bis wir das nötige Geld zusammenhatten. Wenn wir Glück hatten, wurden wir von unseren Eltern, Großeltern oder Paten gesponsert.

Börsen, Boygroups und erste Küsse

Weil wir nur über ein begrenztes Budget verfügten, um uns neue Schallplatten, CDs oder Videokassetten zu kaufen, pilgerten wir auf diverse „Börsen", wo wir tauschten, handelten und kauften, was das Zeug hielt. Wir hörten alles Mögliche, von Hard Rock bis Hip-Hop. Celine Dion und Mariah Carey waren bei uns ebenso hoch im Kurs wie Boygroups, die in den 90ern einen besonderen Boom erlebten wie die Backstreet Boys, Take That, New Kids on the Block oder Salt 'N' Pepa. Auch Whitney Houston regierte bis weit in die Neunziger hinein die Charts. Mit über 200 Gold-, Platin-, Silber-, und Diamantschallplatten und über 170 Millionen verkauften Tonträgern sowie sechs Grammys gehörte sie zu den erfolgreichsten Sängerinnen aller Zeiten. Zur weltweit meistverkauften Single wurde ihr Soundtrack „I Will Always Love You" zum Film „Bodyguard" (1992), in dem sie neben Kevin Costner auch die weibliche Hauptrolle spielte und uns nicht nur dazu brachte, von der großen Liebe zu träumen, sondern uns zuweilen im dunklen Kinosaal die passende Atmosphäre für unseren ersten Kuss lieferte.

Whitney Houston und Kevin Costner in „Bodyguard".

Mit der Schulklasse auf Exkursion.

Fremde Welten

Viele Schulen hatten Austauschprogramme mit anderen Schulen in Europa und Übersee. Und so begaben sich einige von uns auf ein großes Abenteuer – ein längerer Aufenthalt ohne unsere Eltern in der großen weiten Welt. Wir lebten für einige Wochen, Monate oder vielleicht sogar für ein ganzes Jahr bei Gastfamilien z. B. in Kanada, England, Frankreich oder den USA und besuchten die dortigen Schulen. Es wurde eine sehr wichtige Zeit für uns. Nicht nur, weil wir uns sprachlich stark weiterentwickelten, sondern auch, weil wir dadurch um einiges erwachsener wurden. Es war beeindruckend und lehrreich zugleich, in einer anderen Kultur zu leben und ohne die Unterstützung unserer Eltern zurechtkommen zu müssen. Spätestens zu diesem Zeitpunkt verstanden wir, dass wir nur für uns lernten und uns selbst schadeten, wenn wir faul waren. Wir schlossen viele neue Freundschaften, so manche fürs Leben, und manchmal verliebten wir uns, was uns dann den Abschied besonders schwer machte, bei aller Freude auf zu Hause.

Liebe Grüße aus Kanada.

Wir schlüpfen in fremde Gewänder …

56

… und finden Freunde fürs Leben.

Doch auch für uns Daheimgebliebene war viel los. Die meisten Schulen boten Exkursionen an. Wenn wir am Land lebten, dann ging es in die Landeshauptstädte. Oder wir fuhren je nach Sprachenangebot nach England, Frankreich oder Italien. Einige Schulen hatten eine Partnerschule, die wir besuchten. Die war oft nicht so weit weg, aber manchmal, wenn sie z. B. im tiefsten Polen lag, befanden wir uns in einer für uns absolut fremden Welt.

Traurig war die Eskalation des Jugoslawienkriegs. Plötzlich verwandelte sich eines unserer liebsten Urlaubsländer an der Adria in einen Trümmerhaufen. Um unseren Nachbarn zu helfen, nahmen wir an verschiedenen Hilfsaktionen teil, sammelten an den Schulen Nahrungsmittel, Kleidung und anderes Nützliches. Wir, die wir auf einer Insel der Seligen lebten, mussten uns zum ersten Mal in unserem Leben mit den schrecklichen Folgen eines barbarischen Bürgerkriegs auseinandersetzen, der direkt hinter der österreichischen Grenze tobte.

Ein Staat zerfällt

Der Zusammenbruch der ehemaligen Bundesrepublik Jugoslawien begann unmittelbar nach dem Tod des Staatspräsidenten Josip Broz Tito am 4. Mai 1980. Der 88-Jährige hatte bis dahin die kulturell und religiös stark unterschiedlichen Volksgruppen eisern zusammengehalten. Die Staatskonstruktion Jugoslawiens stieß zunehmend auf Widerstand. Dazu kamen die prekäre Wirtschaftslage und Hyperinflation. Die nationalistischen Strömungen wurden stärker, Christen, Orthodoxe und Muslime, die bisher als Nachbarn zusammengelebt hatten, wurden zu erbitterten Feinden. Anfang der 90er-Jahre kam es zu einer Serie von Kriegen auf dem Gebiet des ehemaligen Jugoslawien, die letztendlich zum Zerfall des Staates führten. 1991 wütete der 10-Tage-Krieg in Slowenien, 1991 bis 1995 der Kroatienkrieg, 1991 bis 1995 der Bosnienkrieg und 1999 forderte der Kosovokrieg hohen Blutzoll. Die traurige Bilanz der Kriegsmassaker und des Völkermords: Hunderttausende Tote, Verletzte, Vertriebene und Heimatlose. In Österreich wurde 1992 die private Hilfsinitiative „Nachbar in Not" gegründet, Flüchtlinge aus den Kriegsgebieten suchten in mehreren Wellen Zuflucht in Österreich. Zigtausende von ihnen fanden hier eine neue Heimat.

Beim Sport lässt sich gut anbandeln.

Anbandeln

Eine gute Möglichkeit, sich kennenzulernen oder näherzukommen waren die vielen Aktivitäten, die von Vereinen angeboten wurden. Von Chorsingen, Volkstanzen, Adventspielen, Kirchtagen, Diavorträgen, Umweltschutzaktionen, Ortsbildpflege bis zu sportlichen Aktivitäten wie Langlaufkursen, gemeinsamen Wanderungen, Ausflügen und Tanzkursen reichte die Palette. Wichtige Treffpunkte waren die großen Brauchtumsfeste wie Mai- und Sonnwendfeiern, Erntedankfeste und natürlich spielte sich auch viel in Sportvereinen ab. Volleyball war sehr angesagt und die einzige ernsthafte Alternative zum Fußballverein. Da wir bei Volleyball zumeist gemischt spielten, hatten wir schon den einen oder anderen Schwarm im Team. Auch in der Schule wurde heftig angebandelt, aber eher mit Schulkollegen anderer Klassen.

Wir sind bei jedem Spaß dabei.

*Manchmal ist unser Tanzpartner
auch unser Schwarm.*

Auch die Fahrten von und zur Schule boten viele Möglichkeiten. Da blieb die eine oder der andere von uns auch mal freiwillig eine Stunde länger in der Schule, um erst den nächsten Bus zu nehmen, mit dem immer unser Schwarm fuhr. Ebenfalls ein guter Kuppler war die Tanzschule. Gemeinsam nahmen wir Aufstellung, versuchten die komplizierten Schrittfolgen von Wiener Walzer, Tango, Cha-Cha-Cha, Rumba, Samba und Foxtrott hinzubekommen und die richtige Tanzhaltung zu bewahren. Auf unserem ersten Ball machten wir aber dann eine gute Figur. Nicht selten kamen wir bei den Vorbereitungen für den Maturaball mit unserem Schwarm, in den wir schon eine Weile heimlich verliebt waren, zusammen. Kein Wunder, sahen wir doch so stattlich aus: Wir Mädchen in weißen Kleidern, wir Burschen im dunklen Anzug.

Auf dem Ball machen wir in unseren feinen Roben eine gute Figur.

Unser erstes eigenes Auto ist unser ganzer Stolz.

Rosarote Freiheit

Hatten wir mit dem Erwerb des Mopedführerscheins bereits mehr Freiheit geschnuppert, wurde dieses Gefühl mit dem Autoführerschein noch größer. Wir büffelten für die Prüfung, die in Theorie und Praxis geteilt war. Neu war die Möglichkeit, einen L17-Führerschein zu machen. Dann ersparten wir uns zumindest einen Teil der Gebühren. Und einige von uns hatten ohnehin schon früher praktische Erfahrungen gesammelt. Endlich konnten wir die richtigen Pedale drücken, gleichzeitig auf Verkehrszeichen und die anderen Autofahrer achten und ordentlich einparken. Und dann hielten wir den begehrten rosa Schein in Händen!

Wenn wir kein eigenes Auto hatten, durften wir manchmal das Auto unserer Eltern ausborgen. Aber das war nicht die Lösung. Also stellte sich die Frage, wie wir zu einem eigenen fahrbaren Untersatz kommen konnten. Für diejenigen von uns, die

Unvergessliche Reisen in die weite Welt – mit Freunden …

bereits ihr eigenes Geld verdienten, hieß es erneut sparen. Wir anderen mussten wieder auf finanzielle Unterstützung von Eltern und Verwandten hoffen. Und irgendwann hatten wir auch das geschafft und da stand es, unser erstes Auto. Meist ein Gebrauchtwagen, aber das tat unserer Freude keinen Abbruch. Denn nun waren wir mobil!

… und mit Eltern.

Als die Twin Towers noch Symbol für den American Way of Life waren.

Mobilität in allen Lebensbereichen

Mitte der 90er-Jahre brach ein regelrechter Multimediaboom aus und die technischen Neuerungen eroberten zunehmend unseren Alltag. 1992 kam der erste MiniDisc-Walkman auf den Markt und das GSM (Global System for Mobile Communication) wurde in Österreich eingeführt und hatte zur Folge, dass die mobilen Telefone, bis dahin schwere Riesendinger mit großer Antenne, zu immer kleineren und handlicheren „Handys" wurden.

Die Computerisierung schritt voran und so zogen PCs zunehmend in unsere Privathaushalte ein. Vor allem als Mitte der 90er das Internet durch das World Wide Web populär wurde und auch Amateuren das Netz öffnete, stand ein Computer auf unserer Will-haben-Liste ganz oben.

Wenn endlich das stattliche Teil angeschlossen war oder wir bei unseren Freundinnen und Freunden unsere ersten Gehversuche machten, wählten wir uns mit einem Modem über die Telefonleitung ins Internet ein. Mit ein wenig Geduld, weil die Übertragung mitunter etwas dauerte, wurden wir Teil des globalen Dorfes und erhielten Informationen jeder Art aus aller Welt. Zumindest solange die Verbindung nicht unterbrochen wurde.

Feierlicher Schulabschluss.

Wir sind so frei

Für diejenigen, die dachten, dass das aufregende Leben mit 19 Jahren mit der Volljährigkeit zu Ende ging und danach nicht mehr viel Neues kam, folgte die positive Erkenntnis, dass dem nicht so war. Ganz im Gegenteil! Wir schlossen die Lehre ab oder brachten die Matura hinter uns. Ein neuer Lebensabschnitt begann und wir malten uns unsere Zukunft aus. Auch wenn wir noch nicht genau wussten, was da draußen in naher Zukunft auf uns wartete, z. B. technische Neuerungen wie Farbkopierer, Faxgeräte, Scanner und digitale Anrufbeantworter, die unser Leben vereinfachen und beschleunigen würden. Und dass wir statt Briefe zu schreiben E-Mails und SMS versenden und immer öfter im Internet surfen würden.

Fest stand, dass wir das Gefühl hatten, uns stünde die ganze Welt offen. Wir hatten große Pläne, wollten unsere Karriere starten, ein Studium beginnen, Expeditionen in die ganze Welt, Sprachferien und noch so vieles mehr machen. Wir hatten die Qual der Wahl.

Wir erklimmen die Höhen, allein …

Die Abenteuer gehen weiter

Nach positivem Abschluss des Gymnasiums oder der beruflich orientierten Höheren Schule ließen wir es auf der Maturareise noch einmal ordentlich krachen. Wenn wir unsere Lehrzeit erfolgreich absolviert hatten, stellten wir uns die Frage, ob wir in dem Betrieb bleiben oder in einem anderen neu anfangen sollten. Manche von uns Mädchen gingen als Au-pair nach Großbritannien oder in die USA. Für uns Burschen kam zunächst das Bundesheer an die Reihe. Es war nicht jedermanns Sache, je nachdem, ob und wie viel wir dort malträtiert wurden und wo wir zum Einsatz kamen. Manche von uns mussten Grenzdienst während des Jugoslawienkriegs leisten.

Danach stand die schwere Entscheidung an, ob wir gleich ins Berufsleben einsteigen oder studieren wollten. Manchmal entschieden wir uns für ein Studium, weil uns nichts Besseres einfiel oder unsere Freunde ebenfalls studierten. Und das war nicht immer die schlechteste Wahl. Viele von uns bezogen ihre erste eigene Wohnung – allein oder gemeinsam mit Freunden. Wie gut sich diese Unabhängigkeit anfühlte! Von Gedanken an eine Familiengründung waren die meisten von uns noch weit entfernt. Einige erlebten in diesem Alter gerade ihre erste richtige Beziehung. Wofür auch immer wir uns entschieden: Wir waren überzeugt, dass wir aus unserer Zukunft das Beste machen würden!

… oder mit Freunden.